U0580828

The Modern China

摩登中华

从帝国到民国

贾葭 著

东方出版中心

目 录

你从何处来

有一年春夏之交的周末，我在华沙城里闲逛，寻访亨利克·显克微支（Henryk Adam Aleksander Pius Sienkiewicz）的故居而未得，快快而归。大学时代，我曾读过他的《你往何处去》，后来又看了改编自这部小说的电影《暴君焚城录》，深为震撼。显克微支因此书荣膺 1905 年诺贝尔文学奖。

你往何处去？这是一个非常重要的命题。北京饭局上，"往何处去"几乎是一种传染病一样的焦虑，一坐下来，还未点菜，就先给祖国算命。后来，我对这个话题有点厌倦，转向另外一个话题，即"中国从何处来"。我记得 2006 年某天，我在 MSN 博客撰文跟朋友讨论钱穆的"夷夏之别"，我的大学老师赵益先生，在文章下留言说，从来没有一个国家叫做"中国"。

我当然知道他的意思，即20世纪以前，从未有过一个实体国家的国号为"中国"。那么中国从何处来？后来陆续读了一些关于"天下"和"中国"的讨论，颇受启发。逐渐对这个话题发生了巨大的兴趣。我此前的阅读几乎集中在晚清民国这百多年的时段，后来拓展到千年的时段，顿有豁然开朗之感。但又舍不得放下近代史这一段，这个领域著述浩如烟海，故事距今未远，很适合媒体写作，于是就陆陆续续写了一些小文章。

负笈南雍之初，家严送我至宁。我们父子俩兴致勃勃地游览了原南京总统府旧址、中山陵、梅花山等地。总统府旧址真是令我大开眼界，此地先后是两江总督署、太平天国天王府、中华民国临时大总统府、中华民国国民政府、中华民国总统府驻地，几乎就是整部中国近代史的缩影。在总统府最北侧的子超楼，我才知道林森居然在长达11年的时间里任中华民国国民政府主席。

1998年的圣诞节晚上，我与范铭等几个死党去山西路军人俱乐部玩儿。那幢传统中式建筑在圣诞烟花之下异常漂亮。我记住了这个地址，中山北路105号。几天后，我才知道那是原国民政府监察院和立法院旧址，不禁有点黯然神伤，那是什么地方啊，多好的木地板啊用来溜旱冰！而距此不远的西流湾，则是低调俱乐部所在地。

2006年6月3日晚上，讲授现当代文学的潘志强先生，带着我和另一个同学，沿着北京西路、颐和路、牯岭路、江苏路这一片散步。周围到处都是民国时代的公馆。他如数家珍地指指点点，这是顾祝同的，后来谁在住，这是蒋纬国的，这是阎锡山的，等等。颐和路公馆区有200多座民国要人故居。我当时就想，颐和路的故事太多了，将来一定要写一本书。

这样的公馆在南京大学校园就有不少。比如南大外办驻地斗鸡闸，是何应钦故居，财务处在中山楼，是孙中山故居之一，高研所驻地是赛珍珠故居，她在此处写出荣膺诺贝尔文学奖的《大地》。我住的南园十一舍边上，就是拉贝故居，等等。南大校园所在的金陵苑，则是建于1888年的金陵大学旧址。金陵大学的历程，则是民国时期高等教育的缩影。

易言之，我当时读书之时，满目皆是民国故事。我常去的南大图书馆，就是当年南京国际安全区难民营，严歌苓《金陵十三钗》的故事就发生于此。我恰恰就是在此地读完了这部小说。很难想象这样一种感觉：你在书中读到的悲惨故事，就发生于你身体周围这个空间。那些斑驳而铮亮的水磨石地板，就是无言的证人。在这幢楼里，70 年前的人影和声音将我包围，而 70 年后，我在同一个空间来感受他们。

于是乎，建筑与历史的关系就此建立。在特定的情境里，建筑与空间唤醒了我对历史的记忆。时间与空间在此交融，眼前仿佛在过电影一样。我自认是一个丰富而敏感的人，通常都会在这些老建筑前发呆，想象那段过去的时间。也许在很多人眼里那只是一幢大楼，在我这里就是一段历史的注脚。

这些注脚都是什么呢？曾经在这里匆匆而过的那些赫赫有名的人物，还有他们的著作，他们的行为，人物和人物之间的故事，他们施加于时代的巨大影响，他们如何被历史记录和评价，他们和中国的关系，等等。故而这些老建筑，是一个个仿佛可以无限追索的空间，从我者到他者，从此地到彼地，从此时到旧时。

毕业后，我到北京工作，延续了过去走街串巷的寻访习惯，经常去胡同里寻找这些跟近代史密切相关的建筑，比如法源寺、贤良寺等。我有段时间每周去爬西山，下来后会习惯性地去碧云寺坐坐，那是孙中山先生的停灵之处，有一方苏联送的银棺，与南京紫金山上孙中山的玉棺遥相呼应。

北京的小资圣地南锣鼓巷，有几条胡同非常值得细看，比如后圆恩寺胡同的茅盾故居、蒋介石行辕，帽儿胡同的婉容故居、冯国璋故居，炒豆胡同的僧格林沁府等。这些旧房子，有些没有挂牌，系非开放单位，我注意到以后，就在网上和图书馆反复查询资料，定位这些老建筑以及它们的流转过程。

再往后，我因为工作与学习的关系，先后住过上海、香港与广州。这三个城市亦是民国建筑的聚集地。比如在上海，我就喜欢泡在法租界或者外滩。有一年冬夜，我和沈亮老师沿着复兴西路寻找其曾祖父沈迈士先生的老宅子。一路走过去，用手机照着各个老建筑外墙的铭牌，然后热烈地讨论。

原法租界和公共租界有不少美轮美奂的老建筑，比如海关大楼这样的，都是西方人不远万里从欧洲海运石料到沪修建。它们屹立于斯近百年，顽强而坚固地展示着历史。它们身上的印记仿佛在告诉我们，纸面上的历史并不可靠。它们才是历史最真实的见证者。它们沉默不语地伫立在浦江之畔，等着如我这样的有心人，去发现其中的秘密。

在广州，我特意骑脚踏车去黄埔军校旧址和大元帅府旧址参观。在杭州，我曾经用一个通宵走遍南山路、北山路和白堤，记录民国时期的老宅子。在武昌的四十度高温之下，一整天泡在珞珈山里看老房子。过眼的民国建筑多了，会不由自主地与大脑中的相关资料或者读过学术著作相印证。

2008 年春，我第一次到台北，在博爱特区发现好几幢老建筑和南京的很像，其间的联系至为明显，还有些建筑则纯为大正年间的日式建筑风格，都是有故事有来历的。至于香港这个万方杂糅的地方，其建筑更是面貌纷繁，可以读出一百多年来这个中西交汇城市的历史风霜。而我，则抱着相机四处窜访，并自得其乐。

当然，寻访的过程也伴随着沮丧与悲伤。许多老建筑早已是湮没于荒烟蔓草之中的断壁残垣，更多的则是被改造、被推倒、被代替，原址建起新的建筑，过去的痕迹被擦除干净。因为历史要被改写，作为历史注脚的老建筑，被忽略、被审查也就在情理之中。这些坚实的建筑没有了，历史也就没有了，真实更没有。

对建筑的破坏与改写，就是对历史的破坏与改写。那些新崛起的建筑，其实代表着新的审美、新的意识形态以及合法性。很多时候，建筑上的高低、大小、宽窄，不是基于审美的或者实用的需求，而是基于意识形态和修补合法性的需求。

时间久了，我愈加在这些老建筑里看到过去百年的中国，甚至更久远的中国，并在阅读之时抚卷而思。古诗说，"生年不满百，常怀千岁忧"，我没有千岁忧，百岁忧却是有的。我读梁启超和张季鸾的时评，常常会觉得，他们的很多话，很多观点，放在今日之中国，亦是成立的。他们都谦虚地说自己的文章是速朽之作，却不曾想到他们身后的中国，竟然仍在讨论他们的话题，"你往何处去"？

有时候的感受令人沮丧不已。比如，读晚清史料的时候，我发现赵三多、朱红灯这批人，当年在圣诞节也是要去教堂推倒圣诞树的。1915 年的上海，工人学生们也上街砸日本人的店铺。《民报》《清议报》上讨论的话题，至今仍有人在微博、微信上争论。这就不免有时空错乱之感，深深以为百年来之中国，仍在转型进程之中。

我读那些民国材料之时，经常想到我的祖父。祖父在民国时开饭馆，后来公私合营，交给国家。再后来割资本主义尾巴，他身为中农被大批判。我年幼时，他拿"三百千"教我，常告诫我多读书，立德立言立功。我记得1992年父亲用摄像机给他录视频，请他做口述回忆。他有句话说一辈子历经了各种波折磨难，他和这个社会有点格格不入。

祖父过世时，我伏棺痛哭良久。我难过的是，他大概一辈子都不太快乐吧。我没有和他谈过大话题。我印象最深的是，冬天家里生木炭，他用火筷子添炭时，常常爱说一句话："火心要空，人心要实。"他很少提及历史，我也不知道他是否思考过自身与时代的关系。他就是一个依靠朴素生活哲学度过一生的普通人，可能从来没有向历史追问过答案，也许有，但我已无从知晓。

我做记者时，采访过很多老人，却一直后悔没有在祖父晚年时采访他。他们那一代人所经历的苦难，在历史长河中只是几个被遮蔽的概念而已，但对具体的个人和家族而言，却是影响甚巨的大事件。前一阵子流行一句话，国家拐了一个弯，就是你的一辈子。过去的一百年，四五代人过去了，可是普通人很少去想，自身的现状与国家的关系到底是什么。

我会时常反思自身所处的时代，我们何以如此？我们从哪里来？我们经历的，是不是他们所经历的？故常有黍离之悲。苏格拉底说过，未经反思和自省的人生是毫无意义的。反思与自省，我以为一对外，一向内。对外的部分，就是人与世界、与历史、与时代的关系。人生也有涯，人要在时空之中确定人本身的位置。

时间感非常重要。很多事情离开了时间的维度就是扯淡，真理、真相、自由，都是人生时刻需要的东西，这些和人的存在意义相关。有些事情不能寄希望于未来，不能寄希望于身后，人的寿命有限，在生命时长之外的改变，于个体都是毫无意义的。

一个人就是由他的历史与记忆构成的，一个国家也一样。当在一个更长的历史时程里回望中国的时候，才能够确定当下的中国是什么。我读《天朝田亩制度》之时会想起人民公社，读洪仁玕声讨西方基督教的檄文时，会想到当年的《九评苏共中央公开信》。历史往往有惊人的相似，乃至重复。鉴往知来，这恰恰是历史的魅力所在。知道从何处来，才能知道往何处去。

这一百多年里，寻找一条现代化转型的国家道路，平稳完成现代化转型与现代的中国国家建构，是中国发展的根本议程。这个议程分为好几个方面，从"天下"变为"国家"，从帝制变为共和，从君主变为民主，从封闭变为开放，从前现代进入现代，从一统垂裳的中土世界进入列国并立的现代世界。

拿这些目标去考察晚清至民国的国家层面的 KPI（Key Performance Indicators 主要业绩目标），我们就有评价的标准了，并且可以把 KPI 细化，在哪些维度上去评价，其效果如何。现代性对中国这个两千多年的帝制国家而言，意味着什么？对个体而言，又意味着什么？国民和国家在现代化转型中的关系如何确立？有没有确立？这些都是大问题。

在欧风东渐的时代，我们"师夷长技以制夷"，"中学为体，西学为用"。一场甲午战争打下来，同光中兴的复兴之梦破碎无遗。改良也，革命也，保皇也，争得头破血流，对内巩固皇权集权，对外则从条约开放一改为全面开战。当清廷发现"大清国要完"的时候，任何改革都来不及了。

民初宪政的起点在何处，难点又是些什么？对当时的中国都是新问题。再往后，政治精英和学术精英四散在欧美和日本，要为中国寻找转型路径。学习过日本、德国、英国、美国，立宪制也，总统制也，议会制也，三权分立也，五权宪法也，三民主义也，各种各样的药方子都开过，各种各样的小方案也都试过。最后转为全面学习苏联，其影响至今仍在。

今日之中国为何如此？我想起20世纪二三十年代弥漫西欧的左翼思潮。基于对平等的渴求，现代激进主义和激进哲学营造的乌托邦，对很多人都有相当的影响。李石曾、蔡元培对法国的无政府主义、平等主义推崇备至，有其原因。不是所有人都能洞悉这其中的魅力与危险。雷蒙·阿隆不惜与老同学萨特决裂，认为那不过是知识分子的鸦片。不了解马克思、社会主义和共产主义，几乎就无法理解20世纪。

再者，"中国"本身也是迷思之一。当时孙中山、段祺瑞、蒋中正孜孜以求的中国统一，也是那个时代苦难的渊薮之一，他们的一些主张被肯定甚至深得人心，也是因为都会精英、市民对大国效率、秩序、统一市场的渴求，他们需要可预见的稳定，他们对于安全感有着深深的焦虑与渴望，对中华民族这一逐渐成形的共同体有着深深的体认，从而不假思索地委身巨灵。

在一个大国的广袤土地上，个体是渺小的，是微不足道的。我第一次站在紫禁城的午门之前时，有一种被挤压的恐惧感。从午门到太和殿，每走一步，就觉得自己矮一截。当时我只是一个到京旅游的大学生，并没有想太多。很多年以后，我再次到紫禁城之时，我突然明白了这个道理。我的恐惧感是被制造出来的，通过各种各样的方式，我不喜欢这样。

有时候我心里挺复杂的。作为一个大国的国民，我时常对于这个身份有相当的反思。身份认同在很多时候，是对个体的巨大限制。一方面无法完全脱离，一方面又想要超越，人就纠结在这里了。我要在自己这里确立一种个体之于群体的新型关系，我并不想依靠朴素信条去过自己的日子。

2008年北京奥运会开幕那个夜晚，我站在阳台上看着天空里绚烂夺目的烟花，那是中国洗刷百年国耻的标志之一。十年过去了，中国借助全球化的条约贸易体系，一跃成为世界第二大经济体，有了自己的制度自信与道路自信。中国对世界愈加重要，可是中国自身到底有没有走出历史的大变局呢？我以为值得深思。

终于说到这本书了。2008年后，我试着写了几篇小文章，发表在《东方早报》的《上海书评》上，那是我认为全中国办得最好的书评刊物。主编张明扬兄有次跟我在外滩喝酒，突然幽幽地说，你有没有发现，你的每篇文章开头都是拿一幢老建筑托物比兴的！我回想了一下说，你不说我还真是没有发现。他认为这算是个人风格，建议一直这么写下去。

后来，我完全按照自己对晚清史、民国史的喜好和理解，遴选了一批这个领域的学术专著或者通俗著作，每部著作都指向一个转型中的大问题，我再结合这个问题周边的著作，写一篇五六千字的长书评，并且跳出著作本身，力求用明白晓畅的语言把这个大问题谈透，就有了这一系列文章。

这些文章单篇来看是一个一个的问题，合起来看，就是从帝国到民国这近百年间的转型历程，或者至少是转型中不同的侧面。每篇文章附上参考书目，以便读者按图索骥，方便阅读原著。这些文章先后发表在《上海书评》、"腾讯·大家"和"网易历史"上，算是我这几年比较认真的写作行为。

尤其是，在文章开头提及的老建筑，我都曾亲身去过，有些去了不止一两次。我以为读者在阅读闲暇之余，可以就近去这些地方看看，体会一下时空交错之感。2011 年在台北的时候，我曾经和台湾作家张铁志合作，制作了一个《台湾转型地图》，不敢说洛阳纸贵，但确是一个得意之作。本书所提及的地点和建筑，亦可以视为中国百年转型的一个小地图。

古人说，读万卷书，行万里路。古代的万卷其实很少，今人又交通便利，因而万卷书万里路并不是难事。我以为，人的行动范围越大，对世界的感知就越敏感，越接近真相，从而在观念上也越自觉，进而在行为上也越自由。越自由，当然就会越热爱自由。阅读和自由是一种正向促进的关系。读书与行走相辅相成。

修改这篇序言之时，我与友人专程驱车去虎门镇，去看虎门销烟的旧址。夕阳之下，那两个被修复的销烟池映出粼粼波光，鱼儿游来游去，边上古榕低垂，虎门炮台上的铁炮锈迹斑斑，游人怡然自得。在大部分人的眼中，这里是中国近代史的起点。旁边的虎门销烟纪念馆里，依然以国耻和侵略－反侵略的叙事框架来描述这个很长的故事。

林公销烟，事后亦因此事贾祸。道光帝在朱批中怒斥林说："思之曷胜愤懑！看汝以何词对朕也！"林公已经算当时对西方比较友好的体制内人士了。他懂一点英语，鼓励下属翻译西方著作，学习西方器物之利，是洋务派的先驱，但他仍不了解全球化的商业常态。我在福州三坊七巷参观过林文忠公祠，内庭有副楹联是他的两句诗："苟利国家生死以，岂因祸福避趋之"。

林公在那个年代，一心想的是"国家"。他置国家的利益于自己的祸福之上。往下看，这一百多年来的仁人志士们，何尝不是如此？他们一心想改变国家，然而往往却被国家形势所改变。而国家与个人之关系为何，正是中国在现代转型中面临的首要问题。最后还是胡适之先生说："争你们个人的自由，便是为国家争自由。"我的问题是，一个什么样的国家是"好"国家？一个什么样的社会是"好"社会？到底该如何达至呢？

我坐在纪念馆前的炮台上小憩，两个游人正在激烈地争论近日刷屏网络的中兴芯片事件。在我看来，中国在历史三峡里走了近两百年，而全球化的商业规则仍始终如一。当年是鸦片引发了中西之争，而现在则是芯片再次让中国面对全球化、现代化的严峻挑战。中美贸易战，要放在更长的历史时段去看，甚至可以和鸦片战争对比看。让人不由喟叹，一部中国近现代史，就是从鸦片到芯片的历史。

当年洋务派钦慕西方之坚船利炮，虚心学习之，直至甲午一战，始知非技不如人也，而是制度不如人也。直至中兴事件后，再次反思。全盘西化欤？自力更生欤？中国没有新问题，都是老问题。中国与外部世界，仍在磨合与冲突。三千年未有之大变局，我们仍身在其中。

我们需要把中国置于一条更加长程的历史轴线之上。毛润之说，百代皆行秦政治。秦汉至明清的中国社会，金观涛、孙隆基从不同角度称之为"中国社会的超稳定结构"。我则认为这是一种"被稳定结构"。设若把过去两千年的中国看成一个沉寂扁平的时段，那么过去的两百年才进入一个"改革开放"的大变动时段，中国才算真正发生了"变法"，并伴随着各种波折，贯穿了七八代人的一生。不论是鸦片还是芯片，都是这个变动时代的符号之一。

如果把这个时间段缩短至五百年，把范围放眼至全球，大概可以看出这个变局的前奏。1608年，25岁的格老秀斯（Hugo Grotius）出版了那部蜚声欧洲的《海洋自由论》，后来成为现代国际法的基础之一。而此时，中国的万历皇帝已经怠政二十余年，东林党争即将拉开帷幕，而在长城以外的东北地区，女真领袖努尔哈赤刚刚打通建州往乌苏里江流域的道路。

16 世纪 70 年代，蒙兀儿帝国南征孟加拉湾西岸的港口时，引来荷兰人以及英国人的关注，整个南亚及中南半岛的权力结构被重构。荷属东印度公司在 1689 年已经是全球最大雇主，在世界各地拥有两万多名员工。印度北部的小村庄加尔各答也在彼时迎来了英国人的商务代表，全球进入了一个新的时代。不独如此，英国议会通过了《权利法案》，北美大陆的新英格兰自治领发生了波士顿起义。

　　就在这一年，大清帝国和沙皇俄国签订了《尼布楚条约》，这是中国第一次与欧洲国家按照国际法原则谈判达成的条约，也是最早使用"中国"（China）一词来指代"大清"的国际法文件，"中国"首次正式出现于西方外交条约文件上。当蒙兀儿帝国正在思索如何对付英国和荷兰等海洋帝国之时，大清帝国却挥兵西进，恩赫阿木古朗汗三征噶尔丹，营建避暑山庄，成为至今仍被影视剧所争相戏说的千古一帝。

　　所谓的康乾盛世之下，其实埋藏着大陆帝国不敌海洋帝国的远因。走进这个新时代，西方称之为"现代性转型"，而中国依然没能注意到外部世界发生的这些巨大变化。直到一百年后，马戛尔尼伯爵来到了北京。再往后的故事，差不多就是这本书里，我要讲的故事了。

又到了片尾鸣谢字幕的时段。这些文章的写作过程都很慢，我读过的书，大都密密麻麻写着旁批和眉批，中间也拿不成熟的想法与朋友们交流过。感谢法国学者蔡崇国先生，他是父执辈，我们却能一瓶酒在阳台上聊到天亮，给了我很多启发。其他师友诸如徐友渔、赵益、蔡孟翰、李朝晖等，恕不一一列名。

感谢《上海书评》、"腾讯·大家"、"网易历史"三个栏目的编辑，现在很少有编辑能够容忍作者放肆地发表六千字以上的长篇大论了。感谢资深出版人彭毅文小姐，因她的极力建议，我才找出旧稿来编订。感谢澎湃新闻的李媛小姐，惠允为本书绘制插图，令我倍感开心。我自认还是个闻过则喜的人，此书一经付梓，即须接受读者诸君的严苛检视，希望大家不吝赐教，指出错讹及不足之处。

每个人眼里的历史都是不同的，每个人眼里的中国也是不同的。过去一百多年，中国现代化转型的进路一直在艰难的探索之中，却又在栉风沐雨中不断踏进铺满鲜花的陷阱。从鸦片战争开始，一个坑接着一个坑，磕磕绊绊，不免令人心浮意躁。然而，历史是单线程的，我们再也回不去了，但我们却要清晰地知道，我们从何处来。

2018 年 4 月 30 日晚上，那是一个月圆之夜。我在恒河边上的瓦拉纳西（Varanasi）老城，参观每天都有的"普伽祭"（puja）的夜祭仪式。在河岸的台阶上，一位东亚女性坐在我左首，她大概想让我帮她拍照，结果我们俩对视一眼，几乎同时说了一句：Where are you from（你从何处来）？然后相视大笑。

我们周围几乎全是来参加仪式的印度人，各种五颜六色的衣服，空中飘满了香料和油灯的味道，没有人注意两个东亚面孔的对话。她听说我从北京来，连忙说自己是从东京到北京再过来的，热络得像在异乡遇到了同乡，我投桃报李地说我也挺喜欢东京的。我当时想，人只有在面对"他者"之时，才能想起"我者"，只有在异质文化的对比之下，才能让我们更好地反思自己，找寻自己，确定自己。

马克·吐温曾毫无底线地赞扬这座城市："瓦拉纳西比历史还老，比传统还老，比传说还老，比这三者之和的两倍还老。"这座人类历史上少有的从远古至今从未间断的城市，让我深深觉得，人只有在时间面前才是渺小的，如恒河之一粒沙。我大学开始读《金刚经》，不知有多少遍。每次读到"以恒河沙等身布施","如恒河中所有沙数，如是沙等恒河"等处，我就在遥想，恒河是什么样子？今日终于看到恒河及恒河之沙。

岸上这两千多年来毫无间断的祭祀仪式，用以赞颂恒河女神，赞颂湿婆神的赐予与创造，而在上游不远处，则是印度教信徒往生的火葬之地，浓烟随晚风而散，骨灰随逝水而去。一生一死，皆是人之大事，除生死外，其他的事重要么？恒河，则如过去几万年那样，不疾不徐、波澜不惊地流过，静静地看着岸边那些为她起舞、歌颂的平等众生。这世间，其实只有死亡是平等的。

是夜，我站在建于 1589 年（万历十七年）的布里吉拉玛宫殿（Brij Rama Palace）的顶楼，看着月夜下恒河的粼粼波光，不禁如子在川上那样感叹："逝者如斯夫！不舍昼夜。"恒河，大概是这世间最像时间的河流，她会让你觉得这世间一切都不重要。愚蠢的人类啊，在此生此世心心念念的要各种改变，担心想要的东西成为身后之事。可是，最终却是赤条条来去无牵挂，没有什么能永垂不朽。

邹容在《革命军》说："但愿我身化为恒河沙数，一一身中出一一舌，一一舌中发一一音。"十年前我做新闻时，可能会非常钦佩这种宁鸣而死的精神。可是，今时今日，我想，如果邹容真的到了恒河，他会想些什么？你往何处去？你从何处来？中国往何处去？中国从何处来？这些我们为之天天热心的大问题，可能都不重要，一点儿也不重要了。《大智度论》里，一大劫为 13.4 亿年，天天操心这些，真可谓，吹皱一池春水。

贾葭

2017 年 12 月 31 日写于沪西
2018 年 4 月 28 日改于香港北角
2018 年 5 月 1 日再改于印度瓦拉纳西

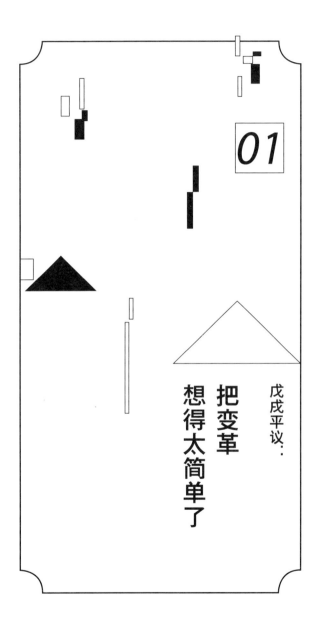

01

戊戌平议：

把变革
想得太简单了

从戊戌到辛亥，短短 12 年而已，中国之大势又为之一变。立宪派敦促清廷立宪法组国会的时候，革命思潮已为一部分精英所接受，立宪似乎又晚了一步。

　　有年夏天，我在北新桥附近迷路了，在几条胡同里转来转去，谁料竟偶然走到梁启超的北京故居。其地在北沟沿胡同 23 号，是一处很普通的四合院或者大杂院，西式的大门坐西朝东，内有影壁一座，进门堆满了各种杂物，现已变成普通民房，若非门口的铭牌写明，真不敢相信。

　　这座四合院是梁启超自日本归国后的居住地，与他人生后半期的学术文章密切相关。北京市 1986 年将此地发布为文物保护单位，不过亦有学者认为梁其时并不居此。我望着那扇大门，想起煌煌一千三百万言的《饮冰室合集》，作为梁任公的后世同行，颇有愧对前贤之感。

自甲午至戊戌，自辛亥至丁巳，梁任公 20 年为之三变，时人多不之解。然则细究其历程，却自有其内在逻辑。今年系戊戌变法两甲子，而任公当年所面临之问题，仍有亟待解决者。"戊戌维新"对此后的国家进路影响极大，为何以失败告终？渐进主义的道路为何在当时行不通？均系中国近代以来的大问题。即便今时今日，亦有回头检视之必要。

中国要变什么？

过去学术界习惯把鸦片战争作为近代中国之起点，海外汉学家有些不同看法，姑略去不提。可历史是连贯相续、因果相接的，不可能截然划分为两个泾渭分明的时代。要认识当下之中国，须回到百年前之中国，而要认识百年前之中国，须回到二百年前乃至三百年前之中国。

天朝进入"溃而不崩"的下行阶段，是在乾隆帝的末期。史景迁和孔飞力都倾向于认为天朝的旧秩序是从乾隆开始崩坏的。一方面是快速增长的人口对传统的统治秩序提出了更高要求，帝国只能以加强对地方和臣民的控制来应对。而在乾隆手上完成的"君师合一"又让知识精英与体制的冲突愈加不可调和（见杨念群著《何处是江南》），"求变"成为一部分知识精英的思想主轴。

乾隆时，戴东原及扬州学派即以实用为尚。汉宋之争孕育了"公羊学"的复兴，嘉道之后，自龚自珍、魏源以下，公羊学派几乎主导了晚清的思想领域的嬗变，直至梁启超。尤为突出的是实学转向了经世致用之学，既发明承袭经学、诸子学中的经世传统，又杂糅以西方近代文明中的实用之学，这成为晚清历次运动的思想资源。

鸦片战争起，三千年未有之大变局，序幕由此拉开。此后的晚清史，按照汪荣祖和张朋园的分期，可分为自强运动、变法运动、革命运动三段。三者前后关联，几乎是严密的因果及递进关系。自强运动是器物之变，由迷恋于坚船利炮的体制内高官发起，又被称为"同光中兴"，历经 30 年韬光养晦，遇上甲午一役，碰得头破血流，始知天下大势。甲午之役后，制度之变才成为知识精英的共识。

从知识精英的角度来看，限制君权，伸张民权，以个体的政治参与改变国家决策，建立新的国族认同，以应对从"帝国世界"进入"列国世界"的巨变。早期的变法思想家如王韬、冯桂芬、胡礼垣均有融会中西的自觉，甚至有大规模西化的建议。赵烈文看了《校邠庐抗议》后说："此夷法也。"从"夷技"至"夷法"，即从自强而入变法。

从变法运动到革命运动，其核心问题即是如何参与政治。孔飞力将之总结为三个根本性问题，即政治参与、国家对社会的控制以及国家与地方的关系。彼时的知识精英已经有此共识：自己的命运与国家休戚相关，而非经政治参与，则难于掌握个人经济的命运。这就是劳伦斯·哈里森所说的，是自由主义的真理（见劳伦斯·哈里森著《自由主义的核心真理》）。当变法的思想准备在知识精英那里完成之际，中国的现代性建构也就此奠定。

所谓现代性，以今日社会学角度视之，不外工业化、都市化、个体参与、世俗化、专业化分工等诸种特征。而在彼时，严复总结为"自由为体、民主为用"，康有为则总结为"小康进至大同"，孙中山则称之为"文明国化"，后来的胡适称民主政治是中国的出路，话虽不同，其理一也，虽不中，亦不远矣。

知识精英的擘划里，依次从构建国家意识、推动商业经济、筹办现代军备、建设立宪政体等目标展开国家的进路。因为这些才是管治更有效的现代国家的必备。我们衡诸戊戌以后的中国，这些也是百年来的国家建构的目标。

变法运动衍生出两种对国家建构的不同方案，即立宪与革命。一部分要求建立议会制度，改变政体，此谓改良，谓立宪。另一部分则主张推翻清朝统治，建立民主政府，此谓革命。立宪派与革命党，成为清末的两大政治派别，甚至是你中有我、我中有你之关系，共同推动中国在 20 世纪初进入了革命年代。

革命是中国 20 世纪的主题，民国建立后，又经国民革命，直至中国的改革开放，未尝不是一种革命。其核心目标万变不离其宗，即建立中国之现代性，或曰现代化。至今，我们仍在这一进程当中。

回首同光已惘然

戊戌变法前，在思想领域，中国知识精英的取法颇高，融会古今中西。今日看来亦不输于西方工业时代的政治理想。自本国而言，变法目标是"富强之中国"，此"富强"涵盖政治、经济、文化、社会诸多小目标。自外部而言，则是建立"大同之世界"。所以在国家议程的设置上，分为"小康"

与"大同"两个阶段或层次，小康是初级阶段，大同是未来的方向，类似于"社会主义"与"共产主义"，是短程和长程的关系，低阶和高阶的关系。

自汉儒以后，中国历史笃信五德终始之说，忽视了时间的单线程因素，所以在政治演进上陷入一种循环论调，也即毛润之所说的"百代皆行秦政法"（见《毛泽东诗词》中《七律·读〈封建论〉呈郭老》），其实就是一种低水平重复建设。19 世纪 90 年代的关中乡下，采用的生产工具和汉武帝时期的关中并无二致，过去的两千年里，帝国发展的唯一目标就是如何使用一套有效体制统治广袤无际的区域，但这一目标在清季更新换代了。

王夫之一反厚古薄今之说，破除盛衰之循环论，提出"日进无疆"，后来的薛福成更直接说进步乃是历史之动力。西方国家由简入繁，从陋至华，即是进步。而中国则必须进步。在考察了西方国家的近代化之后，王韬断然得出结论，西方国家实现了吾国历史上传说的"三代之治"。三代者，大同之世也。

此后，道器之说，体用之说，本末之说，均试图抟中西为一炉。道器、体用、本末并非是二元对立的，而是一元的，这在相当程度上体现了当时中国知识精英的文化自信，以及面对欧风美雨冲击时的坦然自若。当然，我也以为有相当程度的文化惯性及路径依赖。

王韬在牛津大学演讲时即称，孔子所教之"仁"，与基督所倡之"爱"，其理一也。真、善、美，普天同尊，理无二致。严复也强调中西文化有其共同一致之原则，超越了国界与种族。对中国古代的再发明与和西方哲学的比对与嫁接蔚然成风。比如《淮南子》中的"宇"和"宙"，即对应西方哲学中的空间（space）与时间（time）。甚至以老庄去比自由主义，等等。

胡礼垣、康有为的大同之说，或有一种粗糙的国际主义的理想色彩。西人汤因比也证明了这一点："吾人之子孙将非仅属于西方，他们将是孔子、老子、苏格拉底、柏拉图等之共同后裔。"这种国际主义或曰大同的思潮，再往后看，我以为影响了共产主义的中国化。

再比如康有为的公羊三世说，缺乏客观性，无法在学术上经受考验，且以亘古一人的姿态宣示：古今中外、四海列国只有康有为一人懂孔子，而只有孔子是对的。据乱世为专制，升平世为立宪，太平世为民主，此系人类文明之演进规律。我常常以为，康有为早就提出了"历史的终结"，比福山还早一百年。

但是，他们都太急了。急于求变，急于求成，急于求功，尤其是同光年间与隔壁的日本进行制度、装备竞争之时，过分强调实用因素，为此后的中国政治运动埋下了功利主义或者说实用主义的种子。比如张之洞的《劝学篇》是变法的缓进纲领，但南皮不提集部，乃是因为其并无实用价值。沙培德就认为中国革命中交织着乌托邦主义与务实主义（见沙培德著《战争与革命交织的近代中国》）。

汪荣祖把这一段变法思潮称为"以西方文明之烛，照本国文化之幽"，毫无疑问的是，对大同的想象，的确是"取乎其上"的高标准，彰显出一个负责任的大国中知识精英的责任感和使命感，也影响了后世的知识分子比如毛泽东，尤其是"中国革命"与"世界革命"的两阶段论。至于为何"播下的是龙种，收获的却是跳蚤"，这是百年来中国的一大问题，很多思想史的著作都曾作答。

称病诏书哀

最近北京大学正在轰轰烈烈纪念一百二十年校庆。北大是戊戌维新中唯一保留的新政条目，从这个角度看，戊戌维新的失败真是彻底。而隔壁日本的明治维新则完全呈现出不同的面貌来，其因为何？有论者说日本是船小好掉头，也有道理，但并非其实质，戊戌维新自有其败因。

康广仁还没被押去菜市口的时候评价康有为说："伯兄规模太广，志气太锐，包揽太多，同志太孤、举行太大。"这寥寥数句，其实已经概括了戊戌维新何以会失败。取法太高，手足过低。我以为，对掌权者的底线和反应估计不足，才是最重要的原因。掌权者天然缺乏改革的动力，这真是一代又一代人血的教训。

以康党之势力，运作学堂及报纸数年，但维新思想依然只在士大夫及士人中流行，下层百姓并不以之为然。此系时势使然。中国哲学中讲"势"，是一种状态的演进及变化，力量对比还没到那个翻转线。所谓春江水暖鸭先知，就是士为天下先，但中国文化又讲枪打出头鸟，木秀于林，风必摧之，没有充分得到下层的支持，这是必然的。

在戊戌年的政治光谱上，如果我们拿今天的政治光谱作比喻（虽然不是很准确）的话，康有为、杨深秀等维新党人属于浅蓝的光谱。在他的左边，是体制内健康力量李鸿章、张之洞，以及民间知识分子严复，他们属于浅红，光绪帝也在这个序列。在合肥、南皮的左边，是荣禄、慈禧，属于深红。在严复与张之洞看来，康有为是激进，在康有为看来，孙中山、章太炎是激进。但浅蓝的康有为却是两线作战，划清与革命党的界限倒可以理解，但没得到当朝重臣的支持却是大问题。

公羊三世说与《孔子改制考》《新学伪经考》诸说，实在太激进，太新奇，争议太大，反而模糊了维新运动的焦点。想干的事情太多了。大学者朱一新批评康有为说"合己说者取之，不合者则伪之"。康有为的理论硬伤太多，拿来发表论文是够了，但是作为聚拢人心的社会运动纲领，确实火候差了一些。不仅一般士子目为歪理邪说，就算是大学者也未必能理解。

位列"翁门六子"的侍读学士文廷式，是帝党的重要人物，也是强学会成员，但他根本就瞧不起康有为的东西，讥讽他不好好读书。也难怪，你康有为这个没学历的野狐禅要能成事，我这个殿试一甲二名的榜眼、翰林院编修、大理寺正卿（相当于最高法院常务副院长）算什么？文廷式的座师，也是帝师的翁同龢，据说是他推荐康有为的，但他读了《新学伪经考》之后大惊失色，批评说："郑康成以下皆为所惑云云，真说经家一野狐也，惊诧不已！"

然而这并不影响康有为后来吹嘘翁同龢。康有为说："戊戌为中国维新第一大变，翁公为中国维新第一导师。"翁门上下，皆是所谓体制内健康力量。但通常，体制内健康的没有力量，有力量的不健康。此外，另一股体制内健康力量、封疆大吏张之洞，本身在开议院、倡民权的问题上反对康有为，虽然在政改初期及时响应，但终究不认同。梁启超因此还黑了张之洞一把（见梁启超著《论中国学术思想变迁之大势》）。

当时靠边站的武英殿总裁、总理衙门大臣李鸿章，身为洋务派的首领，也对康有为之说保持距离，因而被目为后党。更不要说对西学更有研究的严复了。礼部尚书、总理衙门大臣许应骙（就是鲁迅夫人许广平的爷爷）甚至上书纠弹康有为，许应骙倒不是反对变法，而是反对康有为"非圣"。谁料这么一参，许应骙被革职了。戊戌维新事败后，因祸得福反被擢为闽浙总督。

作为变法的政治纲领，要求同而不要求异，这种左右开弓的打法，罕见得很。守旧派、古文派、宋学家均持反对意见。洋务派和留学生更是懒得搭理。换句话说，维新党人根本没有结成"广泛的统一战线"。康所依赖的，乃是光绪皇帝一人之支持。这种迷信皇帝权威的思路乃是一种路径依赖，康其时并未分析朝中各派对变法的细微区别，以为凭借皇帝一人即可成事。

康有为在《日本变政考》里援引明治天皇的例子直言不讳地说："人主欲转移天下，收揽大权，不过稍纡尊贵，假辞色，即可得之，亦至易矣。"可见康有为之踌躇满志。可在当时，光绪帝若有实权还好，但他虽已亲政，却并未有控盘之能力。这就是为什么我认为康太鸡贼、太功利的原因。汪荣祖认为康有为在变法中的负面作用超过正面。

任何一种运动，从思想准备到组织准备，最后关头往往就是力量的对比，必然是狭路相逢的局面。保守派和维新派在争斗的巅峰之际，一位外国领导人来访北京，令局面更加混乱。伊藤博文暗示变法排除了李鸿章（日本人民的老朋友）等人，他不好表态。康有为也急了，央求伊藤去说服西后。光绪帝会见伊藤博文之时，暗示重大事件还是西后拍板。后者指出：不知太后圣意如何，窃以为只有您二位意见一致时，变法才可成功。

伊藤博文言下之意就是：倘若你们母子对立，你多半就要败了。维新派只好去寻找军方实力派袁项城结盟，但为时已晚。最后维新运动则变成一出活脱脱的宫斗剧。维新运动落幕后，西方各国不仅协助康有为、梁启超等政治犯自北京使馆逃亡，事后均向西后施压，希望西后能善待体制内倾向变法的官僚如黄遵宪等人，西后拒不示弱，两造关系恶化。我以为此处也埋下了庚子宣战的种子。

革命与改良之间

戊戌维新后，风气为之骤然紧张。大清廷以摧枯拉朽之势，日益与世界潮流相龃龉。不过还说不上逆行，顶多算开倒车。不过短短两年时间，义和团运动风起云涌，扶清灭洋，推翻圣诞树、摧毁教堂的事件此起彼伏。西后悍然宣战，始有庚子之变。

此时的梁启超正在横滨写回忆录《戊戌政变记》，反思戊戌之事，开始筹划武装革命。虽然如此，梁启超仍在文章里对光绪帝表达了强烈的善意，不惜使用相当夸张的说法颂圣。甚至写了一篇《光绪圣德记》这样的长文章。一边要做反贼，一边还要在脑门上刻上"我不是反贼"，"皇上是好人，我们要清君侧"云云。

按照张朋园的说法，戊戌维新时，梁启超可算是外围中的外围。梁当时本在上海，康老师在北京缺一个助理，就召他进京。四月到京，五月才被召见。按成例，举人不会蒙召。梁任公以体制外著名公知的身份觐见，算是开国以来未有的事情。北京城都以为梁任公要被重用了。但可怜的梁任公，北京官话识听唔识讲，光绪帝颇不耐烦，令其去京师大学堂译书局上班。当然，后世也有说法认为梁并未见到光绪帝。

中国有些知识分子的骨头确实很软，就这么一下，梁任公深感中国的政治体制改革有了希望，觉得皇上无比圣明，五千年来最好。但梁任公给皇上埋的雷在后面，提到立宪，即表示要立光绪帝为首任大总统。梁在其政治小说《新中国未来记》中，说大中华民主国第一任大统领为"罗在田先生"，罗，爱新觉罗也；在田，载湉也。第二任大统领为黄克强，"炎黄子孙当自强"之意。谁料后来湖南真出来了一个黄总长克强，这是后话了。

这当然是一种策略论，也是改良派最常用的表达。举名义上的领导人为旗号，于成事有益。光绪帝就是个拿来当大旗的虎皮而已。康老师心心念念想从南方起义去瀛台救光绪皇帝，梁劝他不必为此，顶多划江而治，不必真打到北京，可能也打不过，可见他对光绪帝的爱也是挺假的。这就是改良派的另一个问题：不真诚，只重视效果，而忽视真正的价值指向，并且特别期待一种廉价的、付出代价最小的变革。

此外，梁启超一边捧光绪，一边黑西后、刚毅、荣禄等人。甲午战败乃是因西后挪用海军军费整饬颐和园，这说法就是从梁任公的文章里来的。严复觉得苗头不对，就劝告梁说，你这样不是爱皇上，你这是害皇上啊。你越捧皇上，皇上就越危险。这不是保皇，这是倾覆。张朋园就认为，高层内讧，尤其是帝后不和，首功该给梁任公。不过，设若清廷是铁板一块，他笔力再健，也是没用的。

梁随后就把大清国称为伪政府，即不承认清廷之合法地位。有人就批评他说，西奴！你这么不爱国，你怎么不移民？梁任公气得直跳脚：老子这文章就是在日本写的啊。一方面骂清廷是伪政府，一方面又夸皇帝是大好人，这种扭捏作态也着实令外界不解，也可见改良立场给他带来的困境。反对什么，不反对什么，反对到什么程度，赞同到什么程度，都是要非常小心地去拿捏。

但是，异议分子在变革进程中必须抱有一个始终如一的立场吗？其实未必，但始终坚持的人无疑更值得被信任。梁启超是多变、多面向的。他后来组织起义，倾向武装革命，也是因为愈加觉得立宪无望。他在日本与孙中山晤面，据说聊到天亮，达成了很多共识。梁所追求的，不外就是中国的变革，至于路径，可以多方尝试，不必拘泥。易言之，也就是实用为上。他自己都说"不惜以今日之我非昨日之我"。

戊戌维新后，革命派势力大涨，盖因改良失败，同情革命者增多。梁任公与孙中山两个派系争捐款、争地盘、争资源，在东南亚和北美闹至不可开交，最终绝交，各干各的。孙中山首倡革命，梁任公当然不可能与之同调，只能再转回去倡导立宪。一方面他真心认为缓进立宪可行，另一方面，在南海与中山之间，他不能背叛师门，就孙而背康。

时移势易，从戊戌到辛亥，短短 12 年而已，中国之大势又为之一变。立宪派敦促清廷立宪法组国会的时候，革命思潮已为一部分精英所接受，立宪似乎又晚了一步。当然，不能说立宪与革命是截然分开的。清廷既然被迫承诺立宪，则许诺了民主转型的路径，只要略有小动作，即会招致更大的反弹。立宪派的作用就是彻底暴露了统治者的本质，让"虚假希望"这件事广为人知。

历史证明，如果一直是万马齐喑的高压政治，一年更比一年紧，大家心甘情愿地继续做天朝顺民，政治进入冰河期，对统治者可能更有利，即便这只是饮鸩止渴的办法。政治转型进程中，乐观的人士倾向于维持现状，或者认为现状有可能变好，这是一种虚假希望和廉价希望。而悲观的人因为无从改变，也安于现状，认为往后情况只能更差，这是一种虚假绝望。而革命就诞生于希望和绝望之间。

参考书目：

[日] 菊池秀明著，廖怡铮译：《末代王朝与近代中国》，商务印书馆 2017 年版。

张朋园：《梁启超与清季革命》，吉林出版集团 2007 年版。

张朋园：《立宪派与辛亥革命》，吉林出版集团 2007 年版。

汪荣祖：《晚清变法思想论丛》，新星出版社 2008 年版。

[美] 孔飞力著，陈兼、陈之宏译：《中国现代国家的起源》，三联书店 2013 年版。

本文刊于 2018 年 4 月网易历史

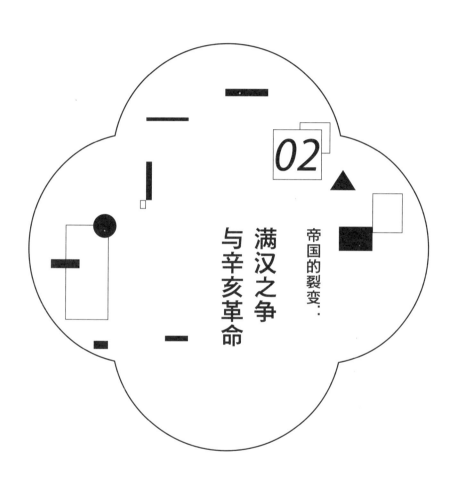

02

帝国的裂变···

满汉之争
与辛亥革命

清代皇室如果不承认自己为中华民族之一员，即意味着统治缺乏认受性，是一个外来政权。如果承认自己是中华民族之一员，那么势必要拆除种族隔离的藩篱。

　　每访锦官城，都会在宽窄巷子小酌。宽窄巷子刚改造好是四川地震后的 2008 年夏天，我第一次到访之时还疑惑，成都怎么会有这么多的京式四合院建筑？当地朋友告我，这是当年的满城。成都满城即是前清时满洲八旗子弟居住的地方，因其地在战国少城遗址上，也称为"少城"。

　　少城有自己独立的城墙，在清代时汉人不得进入。辛亥革命时，少城发生对满人的屠杀，之后不再是禁区，慢慢与成都汉城（相对"少城"也称为"大城"）融为一体。民国时即有不少达官贵胄在此居住。少城约占当时成都市区的五分之一，算是成都最美的地方。李劼人小说《死水微澜》描绘的生活场景，就在此地。现在少城仍有不少老建筑，为机关大院所有。

这样的满城，在全国各主要城市都有。比如北京，老城墙内即为满城。西安满城在城墙内东北角，广州满城在城西，太原满城在西南角。满城无疑是种族隔离的产物，有清一代，象征着旗人在国家生活中的特殊地位。这几个城市的满城里，其语言以满语和京式汉语为主，与周边地区绝不类同，直到辛亥革命之后，这种隔离才被打破。

那么，在辛亥革命前后，种族隔离的问题到底有多严重？辛亥革命与种族问题的关系到底为何？美国汉学家路康乐的《满与汉：清末民初的族群关系与政治权力》一书，讨论了从太平天国之后到南京国民政府之前的中国满汉关系，并探究了其与辛亥革命的重度关联。而我则更关心辛亥革命前后的民族关系和民族问题，很多当下的民族事务都要追溯到彼时去找原因。

驱除鞑虏，恢复中华

清代的种族隔离不仅有阶层隔离，还有物理隔离。比如北京城，汉人是可以进去，但日落就得出来。为什么现在老北京的著名小吃如卤煮火烧、炖吊子、羊蝎子之类的都是吃下水和骨头，因为净肉被送进满城里，城南的汉族穷苦百姓呢，就只能吃这些。满人占据大量土地，收房租地租，还另有饷银，是体制内既得利益阶层。汉人做了200年的低阶奴隶，怨气肯定不小。

隔离本身就意味着对汉人的不信任，甚至在某些时候视为敌人。种族隔离当然也伴随着政治歧视，在政治精英的上升通道中，汉人通常要经历更多的考验。在司法、政治和经济诸领域，满人享有特权。举例说，有清一代，担任总督的人中，汉人72%有进士或者举人的功名，而满人只有33%，汉人始任总督平均年龄是56岁，而满人是50岁。所谓的"满汉共治"只是一个公关话术而已。

汉族知识精英与清室的矛盾当然由来已久。清兵南下时，多尔衮和清室对汉族知识分子就不放心。太平天国之后，汉族官僚因为平叛有功，搞洋务有功，弄出来一个"同光中兴"，纷纷在地方坐大，掌握兵权财权，进入清廷的核心决策层。这让清室对汉族政治精英愈加提防。我们看看九个地方总督的更换频率就知道了。

清廷在 1865 年即允许满人出旗自谋生路，但种族隔离并未因此有所缓解。决策层开始认真讨论一般满人的生计问题，但同时又不断增加满洲权贵的权力。在满人眼里看起来，消弭满汉之界怎么都像要篡权夺班的节奏，是通房丫头要当正室的躁动。即便这些汉人官员的着眼点是为清王朝续命，但他们仍然被认为"非我族类，其心必异"。

梁启超在《清议报》的创刊号社论中，旗帜鲜明地提出"平满汉之界"的观点。他此时在日本已经观察到革命党人的纲领是"反满"。不得不说，早期革命党人跟光复会、天地会、三合会的关系，使得当时的反满革命主张带有浓厚的反清复明的色彩，革命几乎等于反满。总体而言，反满是革命派，反帝的才是改良派。

清廷当然也不争气。满洲人既然把东北作为进可南控中原的龙兴之地，当然也是作为退可自保的自给基地。同时基于敌视汉人的反汉立场，大约是对领土和主权并没有太强烈的捍卫意愿，所以才会有"量中华之物力，结与国之欢心"的这种说法，割地赔钱也相当大方。很多汉人把清廷称为"外国人的朝廷"，暗杀事件此起彼伏。

邹容在 1905 年出版的《革命军》里说："诛绝五百万

有奇被毛戴角之满洲种。""故今日强也，亦满人强耳，于我汉人无与焉，故今日富也，亦满人富耳，于我汉人无与焉。"反满主义在民间颇有支持者。孙中山在 1905 年同盟会成立时提出"驱除鞑虏，恢复中华"的口号，就是依据汉人的反满心理。袁世凯在 1907 年 7 月的上奏中就曾说，孙中山在海外散布清廷要灭绝汉人的谣言。

这里面值得注意的是革命派的话语策略，辛亥革命当然是诞生于反满运动的。革命的种子之一就是民族鸿沟与民族压迫。否定满洲为中国之一部分，进而认定清朝是外来政权，以此消解其合法性。满汉问题，即汉人反满，满人排汉。反满的人要共和，排汉的人要专制。

芮玛丽教授曾经说"革命和民族问题无关"，事实上，在辛亥革命之后，有大量的满人在各地被屠杀，这恰恰证明了辛亥革命的反满、排满性质，以及隐含的反向种族歧视的趋势。

满洲人是中华还是鞑虏？

对清廷而言，不管在入关之前还是之后，八旗制度乃是立国之本。满洲人建立的八旗以及后来建立的蒙古八旗和汉军八旗，既是政权结构，也是社会结构；既是政治制度，也是社会制度、军事制度。八旗中不同的颜色享有不同的特权，是一个人、一个基层的身份标识，有明确的边界和规则。在立国之始，高效简练，入关如入无人之境。但有清二百多年之国祚，成之于八旗，亦毁之于八旗。

革命派与改良派虽然政见不同，但八旗制度和种族隔离却都是他们的靶子。所不同者，革命者要"驱除"之，而改良派则要求取消种族隔离。戊戌变法中，光绪皇帝要求旗人自谋职业，尝试对八旗制度稍作改革。正是这一条，触动了西太后敏感的神经。我们从百日维新之后的处理结果来看，张元济被革职永不叙用，康有为流亡海外，六君子南门送斩，几乎都是主张满汉平权的汉人。

西太后随即搁置了八旗改革，但很快在辛丑条约之后又不得不面临改革。此后，张之洞、周馥等人在慈禧面前力陈种族隔离之弊端，后者终于下决心"化去满汉畛域"。1902年，慈禧下旨，允许满汉通婚。可是直到1907年上半年，满汉高官之间才有了历史上的第一次通婚，大学士那桐（就是题写"清华园"的那位），把女儿嫁给了李鸿章的孙子李国杰。

慈禧态度的转变，除了内部有改革派和形势的压力外，也有海外"驱除鞑虏"的舆论压力。慈禧在不同场合多次强调"满汉一体，并无偏见"。她还在张之洞的建议下，废除了满人对八旗系统的职位垄断，比如汉人军官程德全任齐齐哈尔副都统，前述的李国杰任驻防广州的汉军八旗副都统，汉人冯国璋任署理蒙古正黄旗副都统，都是副职。

彼时，1902 年前后，梁启超刚刚提出"中华民族"一词，大意是华夏族，以长城以内中原地带的汉族为主。中华者也，中央之地所居之华族也。而以慈禧为首的清廷高层，立刻要面对一个问题：满洲人属不属于中华民族？旗人是不是中国人？这是一个很难破解的大问题，关涉权力、疆域、身份认同、民族统合与国家转型。

"中华民族"这个词，从一出现，即成为官方和反对派竞相阐释的热词。1907 年，恒钧、乌泽声等留学日本的满蒙旗人，在日本创办《大同报》，提倡"满汉人民平等，统合满、汉、蒙、回、藏为一大国民"。事实上，满汉两方均意识到，"中华民族"是一个非常好用的概念，谁阐释这个词，就掌握了主动权。中国在现代转型中，从多元民族到一体的转变，即从这里开始。

满洲人如果不承认自己是中华民族之一员，即意味着统治缺乏认受性（暂不用"合法性"这个词），是一个外来政权。如果承认自己是中华民族之一员，那么势必要拆除种族隔离的藩篱。清廷选择了后一种，这就是立宪运动中"五族一体"被清廷接受，成为官方的族群政策的原因。这一态度后来体现在清帝的退位诏书中："仍合满、汉、蒙、回、藏五族完全领土，为一大中华民国。"

清廷在此刻，必须收起"量中华之物力"那种自外于中国的傲慢态度。清廷入关以来，从来未曾使用过"华"或者"夏"来自称，认为那是汉人的专属。此刻则必须用弥合满汉矛盾、阐释中华民族的方式，来应对革命党"驱除鞑虏，恢复中华"的诘难，即是说"满洲人并非鞑虏，而是中华"，用以消解革命党的意识形态动员，这次关于中华民族的意识形态交手，可说是近代中国国族意识诞生之始。

有意思的是，汪精卫因刺杀满洲王公被捕，在监狱中，肃亲王善耆告诉汪精卫说，他是《民报》的忠实读者，《民报》鼓吹的"三民主义"太狭隘了，建议改为"五族大同"。这恰恰是前述旗人主办的《大同报》提出的概念。也就是说，不管是清廷高层还是革命党，都在思考中央王朝如何转型为现代民族国家的大问题。

一国多制的帝国与民国

"五族共和"来之不易。以前是满人排汉，汉人排满。现在双方有一个共同的词汇叫"五族一体"，清廷高层的满洲人也认为满洲人属于中华，但中华要由满洲人来统治，易言之，中国是满洲人的中国，方案是立宪。革命派好不容易认为满洲人属于中华，但满洲人要下台，易言之，中国是汉人的中国，方案是革命。所以种族问题并不简单是种族问题，从来都是一个政治问题。

我以为，清廷的覆亡其中有一个原因，就是从未真正意识到种族隔离其实是个政治问题，而不单纯是种族问题。从百日维新到预备立宪的将近十年间，清廷一直在试图修复满汉关系，即使在修复过程中伴随着继续伤害。清廷没有意识到，革命党的"排满革命"因为"五族一体"的提出，已经变成"国民革命"。清廷接受了五族一体去化解革命，但接受之后，革命却骤然升级了。统治者从来都是慢半拍，形势总是比人强。

从立宪转为革命，表面看是中国现代转型的不同进路，然而这不同进路意味着，中国人的效忠对象从"满洲"变为"中国"。尤其是民国肇建之后，传统的中央王朝摇身一变为现代民族国家，中华民国继承了清廷的法统，"中国"从一个文明概念转变为一个地域国家概念。而在此之前，从未有过一个实体国家的国号叫做"中国"。帝国在过去是一统垂裳的文明体，而从此成为一个具体的民族国家。

1912 年 2 月 15 日，孙中山在南京谒明孝陵，祭奠朱元璋。这无疑使得辛亥革命带有改朝换代的意味，甚至是反清复明的意味。孙中山奠都金陵，或许就有北伐异族、向朱元璋致敬的因素，这当然需要更进一步的明证。1912 年 1 月 17 日清廷朝会中，文武百官、王公大臣均同意和平退位，唯有蒙古王公喀尔喀亲王那彦图反对，表示要抵抗到底。其理由即是，担心俄国会挑唆蒙古独立。

蒙古、西藏两个地方，清廷没有像中国内地那样敷之以行省制度，而是利用藏传佛教的体制以及理藩院来管治，过去称之为"以教统政"。拉萨和日喀则有两位大活佛，漠北蒙古有哲布尊丹巴活佛，漠南蒙古有章嘉呼图克图，藏传佛教地区，就是这四位大活佛的领地。活佛们与清朝皇帝的关系是"供施关系"，不是严格意义上被统治者与统治者的关系。

从唐蕃关系去看，帝国的概念里没有边界。从晚清至民国处于现代性转型的初期，刚刚明白国家疆域、边界这个东西，问题就接踵而来。清廷在割地赔款的时候不太心疼，我也以为与清廷对中原的土地不上心有关。"量中华之物力，结与国之欢心"里面的那个"中华"，就是汉人的中原。于是，早先当权的满洲人不拿汉人土地当回事，后来汉人政权不拿满洲人当自己人。

西藏和蒙古过去是与清廷及皇室连结的，不管是供施还是效忠，至少在形式上连结是紧密的。现在清朝王室享受"外国君主"之待遇，连结被中断了，那如何向并不支持藏传佛教的革命党人、向以汉人官僚为主的北洋政权表达与北京的新关系呢？拉萨方面选择了回避，后来采取了更激进的做法。

从北京到长春

再来看满洲人，既是辛亥革命的牺牲品，亦是民族主义的牺牲品。武昌那第一枪打响后，叫得最响亮的一个口号是"杀戮满官旗人"。湖北军政府成立后，在武昌城内屠杀四大满姓家族。李廉方在《辛亥武昌首义记》里说，被抓到的满人，会要求他们读"666"这个数字，如果读不出 L 的音，就会被视为满人，从而难逃厄运。武昌士绅联名向军政府上书要求禁止部队进入民宅搜索满人，但被拒绝。

在大部分八旗驻防城市，都发生了针对满人的大屠杀。革命军用各种检测标准去判断被抓住的人是否是满人，比如是否有北京官话口音（普通话的英文 mandarin，即"满大人的话"），女性是否天足（满洲女性不裹脚），姓氏是否满姓等，以至于有很多满洲女性开始缠足，并且改穿汉人服饰，这个时候也兴起了满姓改汉姓的风潮。可是即便如此，仍然有激进的革命党人表示，对满洲人过于宽容了。

从民族主义的理路去看辛亥革命，满洲人为应对革命，主动宣示自身是"中华民族"之一员，而革命后的汉人政权，即便在文宣上鼓吹"五族共和"，但始终没有真正地去实现民族之间的大和解。温宗尧、伍廷芳等人在南北会谈时为了回应外国人的质疑，曾经发出一封英文公开信，表示要保证皇室及所有满人的人身及财产安全，但事实上并未做到。

与此同时，由于革命党人急于要求清帝退位，故而在退位协议中满足了清廷相当多的要价。比如保留皇帝称号，继续住在紫禁城，共和政府负责光绪陵墓的修建等。在字斟句酌的南北议和条文中，袁世凯在未经南方政府同意的前提下增加了一个附加条件，隆裕太后"全权委托"袁世凯组建临时共和政府。袁氏作为南北之间的中介人，最终成为民国第一位实任总统。

于是，南方革命政府以岁入1%的代价，避免了军事对抗和夜长梦多的外部干涉，同时又允诺为旗人继续发俸，只不过是为了清帝早日退位。这种小代价换取的革命成果，更像是一场改良运动。此后，逊帝居于故宫，周边游走各类前朝旧宦以及宗社党人，也埋下了复辟的种子。虽然隆裕太后不断向共和政府表示，保皇派的活动与皇帝本人无关，但后来张勋、康有为的复辟则破坏了清室和共和政府之间脆弱的信任。

此外，在共和政府里，满人遭受各种排挤，社会上到处都是对满人的仇视。1912 年的两院制国会 862 位议员，只有三位名字像满人。虽说是"五族共和"，但其实除了清室备受关注之外，普通满人的权利很难得到保护。一些地方当局需要用布告的形式禁止公众歧视满人。满人的民族认同感不断被侵蚀，但越是如此，反弹也就越强烈。民族的认同与不断建构，往往建立在民族压迫当中。在言论自由的北京，呼吁复辟的声音自然此起彼伏。

张勋复辟使得双方之间的优待协议从逻辑上失效，共和政府的许多人要求取消优待条件，以惩罚清室。这件事还在胶着之中的时候，1922 年冬天宣统皇帝大婚，整个北京城龙旗飘扬，几位国会议员异常愤怒。冯玉祥进入北京两周后，强加给清室一套新的优待条款，比如永远放弃皇帝头衔，一次性付清 200 万元，接管公有财产等，清室被立即赶出故宫。唐绍仪和胡适对冯玉祥这一做法也很愤怒，因为未经谈判，在程序上是不正义的。

接下来的东陵事件令清室和满人彻底对共和政府失去了信心，而承诺的旗人饷银早已停发。这两件事表明，不管是清室还是普通满人，满人以后都要靠自己了。随后的南京国民政府，更认为满人事务是北洋留下的旧问题，只有更加漠视。这时候，日本人趁虚而入，并且获得清室一部分人的认可，这就不难理解了。保皇派领袖、清室成员溥伟，在沈阳喊出了"满人治满"的口号。

1907 年东三省开放为行省，汉人官员徐世昌为第一任总督，东北解禁。五族共和之后，由于满人散落在各地，并不像蒙、藏各族有自己的地盘，因而没有自己的自治区域，蒙古八旗可以退回蒙古，可是满人无法退回龙兴之地，只能依赖外力。东三省恢复满文满语，对满人来说有很强的吸引力。等到溥仪秘密到了长春的时候，一个在东北亚的小帝国已经在酝酿之中。

这个自"康乾盛世"之后形成的"一国多制"的大帝国体系，在辛亥革命那一刻宣告了破产。汉人的共和政府声称继承了清廷的法统，但又没有能力继续维持"一国多制"的局面，在民族地区着墨甚少，但也做了一些努力，比如出兵蒙古。这可以和《江华条约》之后袁世凯出兵李氏朝鲜相比。前者是为了维系多民族的现代国家疆域，而后者则是维系天下朝贡体制。总之，北洋对民族区域的问题，呈现一种有心而无力的状态。

看似小代价完成的辛亥革命，其实付出了极为惨重的历史代价。历史的吊诡之处就在此，民族革命加剧了民族问题。此后，国共两党以"中华民族"为革命语言，主导了整个 20 世纪的中国现代化进程。

参考书目：

[美] 路康乐：《满与汉：清末民初的族群关系与政治权力》，中国人民大学出版社 2010 年版。

[美] 谭若思：《一中帝国大梦》，雅言出版社 2004 年版。

本文原载于 2018 年 2 月"网易历史"

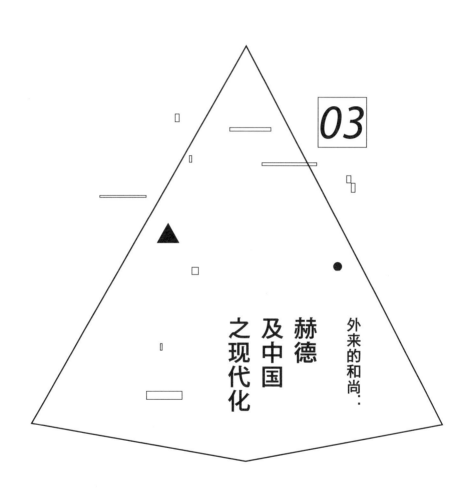

03

赫德及中国之现代化

外来的和尚：

赫德的收支预算、政策规划，都需要报总理衙门批准。他所有的外交工作，都是受总理衙门委托或者任命。

北京市委斜对面有条胡同，叫台基厂头条，有天我路过那里，不经意间发现一个石刻的路牌嵌在墙上，是 RUE HART 两个单词。我当时觉得后面这个单词应该是个人名，回去用维基查了一下，才知道这是法语的"赫德道"。这让我想起上海的常德路和香港尖沙咀的赫德道（HART AVENUE）。常德路原名赫德路（HART ROAD），汪精卫时代改为常德路，张爱玲的故居就叫"常德公寓"。

毫无疑问，这三条道路都是纪念大清海关总税务司赫德先生的。当年在上海外滩江海关大楼前还伫立着一尊赫德的铜像，抗战时被日本人破坏。台基厂头条这个院子，是赫德在北京的旧居。我有一阵子在建国门上班，那附近有中国海关总署、东单邮局、老外交部以及海关博物馆等地，我一直怀疑老海关是不是就在左近，等发现了赫德旧居后，这个疑问迎刃而解。

赫德是一个鼎鼎大名的外国人。第一次是在中学的历史课本上知道他，他的身份是大清海关总税务司。再后来，我看大清海关资料的时候，才愈加佩服这个人。2017 年，香港三联书店出版了英国作家马克·奥尼尔（Mark O'Neill）的《赫德传》，该书副题为"大清爱尔兰重臣步上位高权重之路"，颇能总结这位爱尔兰人的一生辉煌。

想想看，一位外国人，在大清官场做到从一品太子少保，加尚书衔，恩荣无两，这是前无古人后无来者的事了。大清帝国为什么要信任这样一位外国人呢？其实近代史上有很多类似的事，比如丁韪良，京师大学堂第一任总教习；比如德璀琳，帮办外交，外国人称"地下外长"，诸如此类。我们回到当年的历史情境下，会发现雇佣老外来中国做官，实有其必要，尤其是当时中国还不知道何为"现代化"的时候。

全球最佳雇主是中国海关

从马戛尔尼朝觐到开放五口通商，大清帝国的体制内精英用了很久才弄明白国际贸易是怎么回事。自开放五口之后，粤、江、汉、津等海关岁入颇丰。至1857年，"协管海关"进入各个条约之中。小刀会起义之后，江海关被占。英、法、美三国的驻沪领事馆与苏松太道吴建彰谈判，由这三方各出一人协助江海关征集关税。

江海关设立于康熙年间，与粤海关一样，继承历代市舶司职能。但上海的进出口贸易量远大于其他海关，也最受内外重视，事实上具备海关总署的职能。李泰国在1859年以清廷官员之身份任总税务司，由两江总督何桂清任命，该职位正式名称为"大清海关总税务司"。

李泰国就任总税务司之时，赫德尚为英国驻广州领事馆的外交人员。他接到两广总督劳崇光之邀请，延他就任粤海关副总监（总监为清朝官员）。于他而言，这意味着要成为清政府的一名官员，且这一政权还是敌对国家。那一年，赫德只有24岁。

1861年元旦后，清廷正式成立总理各国事务衙门，将海关管理权限划归于总理衙门。3月，总理衙门即派专员赴沪，正式任命李泰国为大清海关总司。李泰国在此前作为额尔金勋爵的翻译，参加了《天津条约》的谈判。他出示了截获的文件，指称耆英对英国一味欺骗，令后者退出谈判（后来耆英被勒令自裁）。可见当时的清廷，对李泰国还是相当信任的。

谁料李泰国却因身体不佳为由要回英国，赫德遂被任命为代理总税务司。因与外界贸易日益增长，当时的清廷关税收入每年都有大幅增加，海关不可能一日无将。一次又一次的打仗，《天津条约》《北京条约》相继开放了 11 个通商港口，各个口岸都一副生意兴隆的样子，进出口业务增长极快。清廷此时进入一种奇怪的循环：打仗—签约—开放—增长，政府手上越来越有钱。

赫德进京接受任命之时，即携带了在粤海关和江海关整理的大量统计资料和报表，做了相当充分的准备。他曾在日记中描述过他对这个帝国首都的印象。一方面是高大宏伟的宫殿群，一方面又是脏乱差的胡同，满大街都是牲口的粪便，尘土飞扬。而他的老家贝尔法斯特早就铺上了柏油马路，架设了路灯。但或许正是这样巨大的差别，才会让赫德致力于改变这个古老的帝国。

在文祥府邸，他与文祥彻夜聊了七个小时，关于如何改造海关，并使之更适应当下的贸易规模，如何与总理衙门建立有效的沟通机制，等等。两人一见如故。十天后，赫德在恭亲王府邸见到了奕䜣（我在北京恭王府的展览里没有见到这段）。这位对外部世界一无所知的洋务运动推动者，被对答如流的赫德震住了。赫德还小他两岁。

奕䜣说，"大清官员几乎无人可信，外国人的报告较为可靠，如果我们有 100 个赫德，我们的事情就好办了"。很难相信这样的话出自一位早被抹黑的当权派之口。当然，赫德最打动奕䜣的建议是，关税收入直接归中央政府，与地方无关。在清廷满洲权贵正提防地方汉官势力坐大之时，奕䜣认为，总理衙门之下的海关是极为重要的部门，是中央财政最重要的来源。很多年后，这笔收入被用来支付《清室优待条例》里的例银。

赫德后来成为海关总税务司，跟李泰国去职有关。李之去职，乃是不再获恭亲王奕䜣之信任。当时太平军驻扎金陵，清廷拟以军舰利炮于江中攻击，遂令李泰国从英国购舰。然舰队司令阿思本却称，只有通过李泰国才能指挥舰队，被清廷拒绝，阿思本遂辞职。而李泰国也被解职。赫德遂就任总税务司，并于 1864 年 6 月移居北京，其住所在今台基厂头条。

至 1864 年，赫德共设立了 14 个海关口岸，并整顿了海关系统，设置了季报、年报等精细的管理规则、内部的奖惩制度及高薪养廉的方案。到了 1885 年，大清海关有外国雇员 500 余名，来自 20 个国家，是一个高度国际化、专业化的政府机构。广泛的国籍政策也使得贪污并不那么容易，自 1854—1870 年 16 年间，在没有纪检监察机构的情形下，仅发现一例贪污案。

大清海关甚至是国际一流高校毕业生的就业首选。海关每年在香港、上海、伦敦举办全球招考，对于西方顶尖大学的优秀毕业生而言，去大清海关工作是非常光荣且有意义的事情。作为全球最佳雇主，雇员中有多位来自牛津、剑桥、哈佛的毕业生。赫德在给友人的信中说，经常有人要走后门希望安插子弟去海关工作。

赫德在内部多次向员工强调：大清海关是中国的政府机构，不是外国的。各位受大清俸禄，服务于大清。赫德掌管海关 44 年，深受总理衙门和当道的信任，不是没有道理的。

他完完全全把自己当作一个雇员，拿钱办事，凡事站在雇主的立场。以至于很多英国人背后骂赫德，作为英国人而替中国人做事。英国媒体也批评过赫德的亲华立场。

不仅仅是海关

赫德在 19 世纪 70 年代即建议清廷创设邮政系统。当时海关各口岸有自己的邮政系统，主要用于传递公函。1878年开始为公众服务，当年海关发行了中国第一枚邮票，即传说中的"大清首枚龙票"。但中国仍然缺乏统一的、全国性的邮政系统。李鸿章等北洋重臣都认为中国需要现代邮政，然而总理衙门一直拖到 1896 年才正式给赫德建立大清邮政的谕令。

当时中国被分为 35 个邮政区，赫德亲自为各个口岸及城市邮局的负责人做培训。1897 年，赫德派遣官员出席华盛顿万国邮政联盟大会，并在随后的几年里，与世界各主要国家签订了通邮协议。至辛亥革命之前，中国邮政的通邮里程有 20 万千米。1906 年，附属于大清海关的大清邮政被划并到新成立的邮传部。当时邮传部的"国进民退"引发了保路运动，这是后话了。

此外，自1869年开始，赫德要求各地海关设立气象站，有条件的地方设立天文台，取得的天气预报资讯将用于船只避险。后来这样的气象站共设立了70个，这些数据是研究中国海岸城市和东亚气候的重要资料。他还负责中国第一条海底电缆的铺设。1873年，赫德指示厦门口岸设立入境检疫站，人与货物均要经过海关检疫。这一做法也铺开到其他口岸，并设立卫生督察之职位。

赫德自己研读海外军火商的投标文件，仔细为大清帝国尚未成立的海军挑选最物美价廉的进口军舰。1874年，总理衙门委托赫德购买四艘舰艇，用于长江巡防。1879年，北洋海军最早的两艘巡洋舰"超勇号"和"扬威号"经赫德之手购入，费银65万余两。之后，赫德向总理衙门提议试办海防，建南北两洋海军，并自荐出任总海防司。总理衙门决定任命赫德出任，后被李鸿章等人否决。

左宗棠两次挥兵新疆时，清廷以海关收入作为抵押向外国银行举债。历次对外赔款，也都从海关收入中支付。至19世纪70年代时，海关收入已经占到清廷岁入的20%。大清海关俨然已经是清廷的钱袋子。他还试图为地方政府争取到香港汇丰银行的贷款，并建议清廷确定一家御用银行来处理日渐频繁的国际收支业务。

自强运动中，地方洋务派新设的矿厂、兵工厂，其筹设费用 60% 来自中央政府海关收入中的划拨，例如江南制造总局及福州船政局等。这些事业后来都颇有成效，江南制造总局在 1868 年制造了中国第一艘汽船，1891 年，生产出中国第一批钢材。福州船政学堂聘请外国专家，招商局引入西方的管理方式，这些都有赫德的影子。

大清海关不仅仅只是具备海关职能的政府机构。基于清廷对赫德的信任，海关内部衍生了邮政、海巡、气象、天文等多个部门，开枝散叶一般，带动了很多新兴产业，并提高了清政府的专业化和现代化程度。同光中兴的背后，不仅是中兴名臣的努力，也离不开赫德这样一位斡旋内外的人物。他在 19 世纪 60 年代的很多建议，等到戊戌维新之时知识分子才能理解。

海关收入中还有一部分在北京建立了同文馆，翻译、编印各种西学著作。其后指派四批 120 名幼童到美国留学，这其中就有成为民国第一任总理的唐绍仪、设计京张铁路的詹天佑等。同文馆在 1902 年被并入京师大学堂。赫德任命的同文馆总教习丁韪良也成为京师大学堂首任监督。

1889 年，清廷封赏自 1860 年以来的优等官员，授予赫德"大清太子太保、一品顶戴尚书衔海关总税务司、三代正一品封典、双龙二等第一宝星、花翎"。非要拿中国官员对比的话，这样的殊荣远超张之洞、李鸿章、左宗棠等晚清重臣，也是唯一一个获此殊荣的外国人。

外交能吏

今日行至台基厂至东交民巷一带，大致会知道赫德的交往范围。这里云集了当时大多数的驻外使馆、外资银行、邮局、酒店及外国人的住宅。赫德住宅对面，即为意大利使馆（今为对外友协），正义路上有日本使馆（今为北京市政府一部分）。东交民巷传统上是天朝接待四夷（其实主要是朝鲜）的地方，老外来了安置在这里才符合礼部的标准。《北京条约》之后，成为外国人聚集地。曾有童谣说"吃面不搁醋，炮打西什库。吃面不搁酱，炮打交民巷"。前者指的是西什库教堂，后者即指东交民巷。

距离赫德不远的东单范围内，还有总理衙门、大清海关总司、大清邮政总司、海军衙门等。今天，在这个区域里，有海关总署、北京市邮局等，也不是没有历史渊源的。就像今日外交部南侧的第一使馆区，也系建政之后的规划。当时东交民巷就是北京的外交中心。

这个中心的中心人物无疑就是赫德。1865 年，年仅 31 岁的赫德，给清廷提交了一份题为《局外旁观论》的备忘录，建议清廷改革军制、官制，采购西方舰船，学习西方制度云云，最终清廷将设立邮政系统及监督国内税收也划在赫德职责内。赫德说："止有国政转移，无难为万国之首，若不转移，数年之内，必为万国之役。"一年后，他就作为中国访欧代表团的高级顾问，随访欧洲，并为中国代表团安排了很多相当高规格的议程，比如谒见维多利亚女王等。

此后赫德的外交才能显然为清廷倚重，次年即委任他居中协调中英修约。经过两年的艰苦谈判，《中英天津条约》修订版终于签署。但英国商人纷纷批评赫德亲华，英国政府软弱无能，故而英国议会并未批准该约。赫德还为中国设计了一套收回澳门的计划，以 100 万两白银换得葡国撤军，谁料居间的中介、西班牙传教士马斯病故，这事儿就黄了。

几次三番的被委任当中，我们可以看出，清廷愿意把涉及国家主权的大事交给赫德去办。一来是总理衙门刚刚成立不久，中国官员的确缺乏处理国际外交问题的能力。二来，赫德作为东交民巷的知名沙龙主人，是一个中西方都能认可的人。三来，赫德自己也需要利用这些与中外官员的关系，保证海关及其他机构的正常运作。他也一直鼓励清廷欢迎其他国家在北京设立使领馆。

1876年，清廷决定向当时帝国主义的头号国家英国派遣公使，由郭嵩焘担任。郭使英之前，赫德给予他极大帮助。他建议郭，要建立大使和领事的网络，保护海外侨民和华人的商业利益，要通过使节的外交便利，及时知晓全球发生的大事件。赫德写信给他在伦敦的助手金登干（James Duncan Campbell），要求金为郭嵩焘等人租赁办公地点等。

金登干遂挑选了伦敦波特兰广场（Portland Place）49号的一幢大宅作为郭公使的办公场所。这幢房子先后是清政府、北洋政府、南京国民政府的驻英大使馆。1926年由广东国民政府延长租期至999年。至今，它仍然是中华人民共和国驻大不列颠及北爱尔兰联合王国大使馆驻地。当年，孙中山蒙难欧洲，即是被诱捕并囚禁在此楼三层。今天不知道有几人知晓，这幢楼与赫德有关。

1878 年，赫德与郭嵩焘在巴黎会面，并代表中国共同出席第三届世界博览会开幕式。这是中国人第一次参加该博览会，这次博览会首次展出了汽车。直至 132 年之后，中国上海才承办世界博览会，由此可见中国的全球化之路是如何漫长。赫德还教郭嵩焘穿西装、吃西餐，但这些都被监视郭的副手写信举报，最后郭愤而辞职归国。他在持节使西之前，慈禧还说，不必忧心，你不过是为国家办点事。

中法战争后，赫德委派金登干赴巴黎协商试图解决矛盾。1885 年年初，金登干会见法国总理茹费理，同时赫德说服总理衙门，使中方同意在越南问题上做出让步，最终由金登干代表中国与法国议定合约，中法双方在天津签署《中法新约》。赫德居中调停之功，为清廷所封赏。

自己人还是外人

1885 年 6 月 23 日，英国政府任命赫德为驻华公使兼驻朝鲜公使。此前总理衙门风闻有此动议，敦促赫德接受。但赫德再三考虑之后拒绝了这一任命。他在给朋友的信中说，假如成为驻华公使，那么对于中国人来说，他将不再是"自己人"，而是一个"外人"，清廷高层将不再会信任他。

对赫德来说，做大清帝国的总税务司、总邮政司，他将是大清官僚系统的大人物，是整个新行政系统的核心。而把他放在英国的职官序列里，他不再是王者，仅仅只是一名高级官员而已，颇有点"宁为鸡首不为牛后"的意思。事实上也是如此，他对中国的重要性远超他对英国的重要性。随后，他推荐了德国人德璀琳（Gustav Detring）担任这一职位。

赫德同时也深知，他只是总理衙门的一个雇员，总理衙门不仅随时在节制、监视他，也可以随时辞退他。赫德的收支预算、政策规划，都需要报总理衙门批准。他所有的外交工作，都是受总理衙门委托或者任命。

赫德也已发现，天朝的难题是在外交上永远不能理解"平等"是什么意思。他要经常向那些想觐见皇帝的外交使节解释，为什么他们见不到中国皇帝。除非他们愿意向中国皇帝下跪叩头，但赫德根本说不出来这样的话。迟至1873年，光绪皇帝才答应外国使节不必叩首。这是中国外交史上的一件大事。

在北京的赫德，是外交圈子里的一个有趣的人。他组建了中国第一支西洋管乐队，有 12 个乐手，时常在家中大办派对，有时候跳舞到下半夜。他举办派对的宅子在庚子之变时为义和团所烧毁，神奇的是，他多年以来的 70 卷日记居然保存了下来。他在使馆区和其他外国人仓皇失措地躲了 55 天。

事后，赫德在他的《从秦国来：中国问题散记》中描述了这个过程。但他仍是站在中国立场上，认为列强负有相当责任。他希望在中国最为危难的时候，为中国说几句好话。庚子之变后，在外界一片要瓜分中国、扶植新王朝的议论之中，他呼吁各国使团，应给清廷支持，默认清廷的合法性。他相信这是对高度信任他的清廷的投桃报李之举。

《清史稿》最后给赫德的评价是："赫德久总税务，兼司邮政，颇与闻交涉，号曰客卿，皆能不负所事。"并夸赞赫德和其他几个外籍官员："食其禄者忠其事，实有足多。"晚清高官提起赫德都是说"我们的赫德"，语意颇多赞扬。

在《北京公使团》这篇文章里，赫德说："这个民族被客观环境的力量推动，又通过西方强国以武力强加的条约被迫打开大门，与外部世界接触。她视此为奇耻大辱，看不到这些改变为自己带来什么好处，寄望有朝一日自己足够强大，可以撇清与外国的联系、干扰和入侵，重过自己的生活……

将令外国人无法在中国土地上安居……将把中国国旗与中国武器带到即使今天再丰富的想象力也想不到的地方。"

《清史稿》说赫德："官中国垂五十年，颇与士大夫往还。"赫德非常了解中国以及中国人。他甚至预言说："再等个几十年，你会发现中国在欧洲大街上摆满各种东西，成本比欧洲制造的还要便宜。"今天回看赫德这些在一百年前的话，我们不能不佩服他的远见卓识。他在庚子之变中最早洞察了即将到来的中国民族主义革命。

参考书目：

[英]马克·奥尼尔著，程翰译：《赫德传——大清爱尔兰重臣步上位高权重之路》三联书店（香港）有限公司 2017 年版。

[英]普特南·威尔著，冷汰、陈诒先译：《庚子使馆被围记》，上海书店 2000 年版。

本文原载于 2018 年 4 月"网易历史"

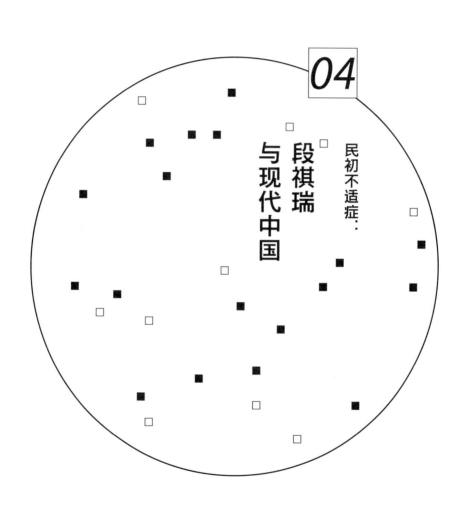

04

民初不适症：

段祺瑞
与现代中国

崔健说："你们和我们生活在一个年代里。"某种意义上，我们和谭嗣同、刘光第他们也生活在一个年代里。这个年代就是转型时代，就是三千年未有之大变局。

　　北京平安大街上的段祺瑞执政府旧址，本是康熙第九子允禟之府第。清末为镇国公承熙所住。1901年，清廷设陆军部于此，后海军部也在此办公。民国鼎革后，中华民国国务院设于此处。这是一组西式古典建筑，相当峻伟，在四合院遍地的东城，洵为特别。

　　电影《阳光灿烂的日子》，就以此处为取景地。当时这个院落为中国人民大学书报资料中心使用。我大学时经常使用《人大书报资料》，对这个地址记得特别清楚。后来到京，专程去探访过。但对我来说，这组建筑是跟段祺瑞联系起来的，就是因为鲁迅《记念刘和珍君》那篇文章被大家记住的军阀头目。

每每行经此地，我总能想起张季鸾先生在他的名篇《送段芝泉先生南行》一文中，对段祺瑞几乎是盖棺论定的话："段在民国，本自有其历史的地位。辛亥之役、戊辰之役，讨辟之役，段皆为中心人物，扶翼共和，忠诚不贰。"

国民党取北洋而代之，故国共双方对中华民国北京政府均持负面态度，尤其是对段祺瑞。有次我在北京万安公墓偶见段氏之墓，还有游人献花，不免想一探究竟。季鸾先生对段氏评价极高：其当国多年，虽政策上往往遭受反对，然持己廉洁，老而无财，则足证其非志于营私。

台湾远流出版社出版的《段祺瑞政权》是中国近代口述史学会编译唐德刚的数篇论文结集而成，其体系略差，略记大事并辅以史论，不足以窥全貌。我又找来《段祺瑞年谱》等四五种史料笔记参照读了，深感段氏当国，与中国路径之改变关系甚大，当下中国的许多问题，要追溯到百年前的段氏。

段祺瑞其人

年轻时候的段祺瑞是个文武双全的学霸，20 岁考取北洋武备学堂，名列第一。毕业考也是第一。李鸿章后来挑选武备学堂毕业生去德国留学，段祺瑞又是第一名被录取，去德国的五个人，就他成就最大。段祺瑞的旧学功底极好，旧体诗文就是跟诗人比，也不遑多让。有时候，不仅要看历史的进程，也要看个人的努力，成大事者，必有其过人之处。

文治如此，武功同样。比如在北洋武备学堂，大家上马都是踩着脚蹬子从马左侧跨上去，段祺瑞不一样，他鞭马之后，马开始快跑，他从后面紧追扶着马屁股飞上去，也是一名"飞将军"。我想了想这个动作，真不是普通人能玩到这个段位的，不禁神往。

他在河北威县剿匪，亲自带领军士与匪方巷战，勇猛异常，用枪用炮都很在行。光绪皇帝一高兴，给了他一个二品官职。在当时新旧交替的时代，武人加官晋爵分两种，一种是勇猛有战绩，满身伤疤打出来的，比如张勋这种。还有一种是有文凭，西洋留学，有谋略有大局观的。段祺瑞几乎是唯一一个兼而有之的特例。

虽然他在德国只待了不到两年的时间，但德国对他的影响非常大，一辈子都是德国粉。吃西药，要问清楚是不是德国制造的。比如阿斯匹林，不是德国拜耳公司生产的就不吃。他说德国人守规矩，诚实苦干。唐德刚评价说他对"绝对主义"有偏好。后来的蒋介石也是德国粉。

他在当时的北京国务院上班，身为一国之政府首脑，但是在北京没房子，也没有户口，学生们实在看不过去，由靳云鹏等人出资，在东四六条的仓南胡同给他建了一个宅子。《阳光灿烂的日子》中男主人公就住在这里。时人均称段之无私，是有证据的。

北洋三杰中，反而是北洋之龙王士珍比较低调，在政治上略逊北洋之虎段祺瑞与北洋之狗冯国璋。段祺瑞与冯国璋，是袁世凯之后的北洋两大领袖，双峰并峙，直到酿成直皖纷争，朝堂之上与战场之中，可算是政敌。然而冯国璋病逝入殓时，段祺瑞第一个扑上去抱住棺材大哭良久。

冯国璋出殡，京中官员路祭，第一个致祭的也是段祺瑞。《直皖秘史》说："行礼时，痛哭失声，涕泗横流，几不能仰视。其悲伤状况，与祭人员，举莫之及，人皆怪之。"哭得太惨，搞得别人都没法表演了。这也难怪，他跟冯国璋少年同学，一直就是同事关系，一回忆往昔，勾起的事情太多。这是真伤心。

段一生笃信佛教，平日吃斋念佛、朝夕烧香，家里不许养公鸡。金刚、法华等经典，均能讲解。九世班禅喇嘛赴京，他命长子段宏业及章嘉活佛等人去青海迎接。到京后，他亲自迎接喇嘛，安排住在中南海。后来还牵头在太和殿开时轮金刚法会。没有这些，当时中央与西藏的关系，可能就要改写了。

他还爱下围棋，与段宏业时常对弈，往往下不过乃子。段宏业后来成为国手级的大师。段祺瑞资助的顾水如、吴清源等人，均是国手级。他是中国围棋迅速发展的大后台。他还爱打麻将，据说牌技很好，经常赢钱。除了政治之外，他其实是一个非常丰富、有广度的——高人。

共和为何需"三造"

1917 年的 5 月 11 日，段祺瑞内阁发生辞职潮，外交总长伍廷芳、司法总长张耀曾、农商总长谷钟秀、海军总长程璧光先后辞职。此前内务总长范源廉养病，前财政总长陈锦涛因贪腐去职，整个内阁就剩下总理一个人，段祺瑞成了一个"光杆司令"。前文说了，段是个讲规矩的人，他次日照样去上班，整个国务院大院都没什么人了，也许有几只野猫，但段总理依然旁若无人地自己办公，看上去非常凄惨。

这个时候，总统黎元洪以为段祺瑞大势已去，趁机免了他国务总理兼陆军总长之职。岂料一连串反应之下，引起徐州辫军复辟，宣统登基，北京城遍地龙旗。段祺瑞马场誓师，指挥两路人马攻入北京，终结了复辟闹剧。时人称为"三造共和"。共和需要"三造"，可见共和之艰难。在我以为，这恰恰是中华民国北京政府最大的特征——不稳定。

作为亚洲历史上的第一个民主共和国（见马若孟、蔡玲著《中国第一个民主体系》），中华民国北京政府可谓筚路蓝缕，肇创维艰。民国元年初，逼迫清帝退位，段祺瑞领衔，率领各路将领，发出通电，要求清帝逊位。这封又是通电又是奏折（即今日之公开信）的文字写得文情并茂、通情达理。兹引一段："祺瑞受国厚恩，何敢不以大局为念，故敢比较利害，冒死陈言。恳请焕汗大号，明降谕旨，宣示中外，立定共和政体。"

辛亥武昌兵变时，段祺瑞临危受命，署湖广总督，专事剿抚。以封疆大吏替袁氏养寇自重，好增加其议和筹码。彼时南北已经议定袁世凯接孙中山任临时大总统。这封通电，由剿抚军事总负责人发出，对清廷的打击是致命的。意思就是不管你退位与否，我不会军事镇压了。不管是否出自袁氏授意，段氏对帝制是没有眷恋的，态度相当明确。

后来段的老师、上司、主公袁世凯称帝之时，段也非常不客气。一是消极怠工，改元前就称病不出。二是公开表示不同意。段可是袁世凯最得意的门生啊。何况，当年逼迫清帝退位，段祺瑞可是开国元勋，以此身份反对，袁非常尴尬，自然恼怒不已，袁氏登基后，连段的名字都不提了。

可是袁深知段氏之能，在死前数周，任段为国务卿，就是想让他收拾残局。拟定接班人名单的时候，袁氏排了三个人：黎元洪、徐世昌、段祺瑞。以声望、实力、能力而论，袁后之中国，实以段祺瑞为第一。

袁去世当日晚间，在中南海几个巨头讨论谁来接这个烂摊子。满朝文武一直推举段祺瑞接棒当大总统。段氏峻拒不纳，舌战群儒，说了好几个小时自己不能继任的原因，口干舌燥。后商之徐世昌，徐是个老成谋国的老狐狸，说了"依法"两个字。

洪宪帝制在北洋时代不算正式朝代，时人还是把袁世凯当总统看。依法，总统任上去世，副总统继之。段祺瑞就带人亲自到黎元洪宅邸，三鞠躬行国礼，表示向黎效忠。其实大家都知道，黎就是辛亥革命的一个吉祥物，论实力才能，距离北洋三杰以及徐世昌，多有不如，段氏拥黎，我以为"依法"才是要点。

三造共和的段祺瑞，反清帝、反袁、反张勋，内在的理路只有一条：反帝制。这一点，在民国之初的六年间，是十分清晰的。我来引两句他讨张勋的通电："旷观史乘，迭形迭仆者几何代几何姓矣，帝王之家，岂有一焉能得好结局？……张勋何人？乃敢妄谈政治？使帝制而可以得良政治，则辛亥之役何以生焉？"

这句是说到点子上了，帝制要是好，大家为什么要造反？而且这句对张勋的蠢行十分鄙夷，骨子里，他是看不起张勋这种莽夫的。段祺瑞出自官宦之家，又留学欧洲，精英意识还是有的。这里面还暗含了一个冲突：即北洋新军对清军系统出身的不屑。张勋又当过慈禧和光绪的御前护卫，有那么点主仆之情，辛亥鼎革，还留着辫子表示效忠清室，段当然对之瞧不起。

段对中国这种侍从政治，本身可能是反感的。作为门生，他爱共和胜于爱老师，脑子不会跟着屁股拥袁。这种理性是不是跟留学德国有关不好说。袁又是曹操那种枭雄性格，当然很不理解。袁故后，段氏以帝王之规格葬之，但这又是人情练达的一面。在这个意义上，段祺瑞比他的学生蒋中正强太多了。

共和主义初级阶段

职是之故，段祺瑞其实也没有什么自己的人，否则不会做光杆司令，否则也不会太过倚重徐树铮。他要在政府广布亲信党羽的话，很可能像袁氏那样乾纲独断，不会三起三落，最后惶惶然成为张作霖的前台。段处在变革年代里，逢中国三千年未有之大变局，一切都是试验的阶段，姑且称为"共和主义初级阶段"，要走多久，怎么走，没有人知道。

民国成立六年，两次帝制复辟，很是反复。这种状况下，要求北京政府立即能够建起适合中国的权力行使与监督体制，也的确是苛求。国体很先进，是一个大框架，要往里装什么东西才是要紧。大家就试来试去的，时而总统制，时而内阁制，时而半总统半内阁，时而军政府，时而临时执政。

按照张朋园先生的说法去理解民初议会制，很容易陷入到一种美好的想象里面，实际情况很可能大相径庭（见张朋园著《中国民主政治的困境：1909－1949晚清以来历届议会选举述论》）。从段祺瑞的经历看过去，民初政制的问题到底在哪里呢？完全照搬过来的缺陷何在呢？

段祺瑞前两次组阁，政体均为内阁制，总统就是一个仪式上的吉祥物。但先后身为总统的黎元洪、冯国璋并不这么想。两次府院之争因此而起，段阁倒台两次。西方的府院之争是政府和国会（立法院、议院）之争，到了中国，变成总统府和国务院之争，说明就是内阁制没有给总统限权。

总统和总理闹别扭，政见不合，听谁的？大家说当然听法律的，但是法律没有这条。在我们现在看来就是立法不完善的问题，但在当时，国会都组织不起来，立法基本是遥遥无期。加之《临时约法》又是个半文半白的文件，解释空间很大，司法那部分只有六条几十个字而已，根本照顾不到总统总理吵架的这种立法需求。

就拿段祺瑞内阁而言，按照内阁制，国会多数席位党组阁，总统任命，通常情况下，总理是国会多数席位党的党魁，这样才能获得国会之同意。结果临时约法规定总理及各部由总统任命，这种体制就是一种怪胎，一直影响到今日的台湾地区。

试看中西议会政治史，段祺瑞的内阁真是蔚为奇葩。没有任何一个政府总理像段祺瑞那样，内政、外交、财政、军事诸权位均操诸反对派之手。比如《对德参战案》，总理段祺瑞提出，被总统否决了，好不容易游说总统通过了，但又被国会拒绝了。我们看到当时北京政府的总理走马灯一样地换，就是跟这种停摆情况有密切关联，不能厚责。

共和主义初级阶段还有个问题是，国会的合法性也不足。民初国会议员都系省长督军指定而来，并非国民选举出来的议员，多数是辛亥革命时有功的革命党人或者立宪党人，再不然就是临时成立的群众组织、社会团体的领导们。议员年薪六千银元，一年就可以在北京买五六套四合院，这工作太像酬庸了。

议事规则也没有建立起来，一言不合就打架，文化解决不了，就"武化"解决。以至于后来国会议事堂把砚台钉在桌子上，因为被砚台砸的议员不计其数。到今天，我们看到东亚一些国家和地区的议会也时有打架的现象。西方议院的议事规则，那是经历了数百年淬炼的，我们匆忙拿过来，水土不服，这是必然的。

如果把民初议会政治放在一百年内的时程中去考量，就会发现中国转型之艰难。谭嗣同说："各国变法，无不从流血而成，今中国未闻有因变法而流血者，此国之所以不昌也；有之，请自嗣同始。"引刀成一快，不负少年头。

崔健说："你们和我们生活在一个年代里。"某种意义上，我们和谭嗣同、刘光第他们也生活在一个年代里。这个年代就是转型时代，就是三千年未有之大变局。我常常说，人要建立自身在历史进程中的坐标，要有历史感，才能知道大势之所趋。时也，势也。

新旧交替的过渡者

唐德刚的《袁氏当国》里曾评价袁世凯还是新旧交替中的"旧官僚"，他的局限性在于"旧"（大意如此）。如果来对比段祺瑞的话，那么段氏就是新旧交替中一个特别典型的过渡者。与袁世凯相比，段的留洋经历及其对帝制的反感，使得他有"维新"的一面，但终究没能在新的政治秩序中找到自身合适的位置。最终为他人所取代。

百年前的北洋时代，时人所面临的革新与变化，与今人相比，恐怕更甚。政党政治、议会政治代替了过去的君相体制和官僚议事制，旧式的侍从体制跟主流的意识形态已经脱节。也就是说，在意识形态上，吴思总结的那种"官家主义"被共和主义、民主主义代替，但相应的配套政治架构、政权组织形式并未完善起来。

我以为段祺瑞的悲剧就在于此。我们常常说"知人论世"，但"知世"才能"论人"啊。段祺瑞的时代，正是中国由帝王式的独裁向党魁式的独裁转变之时。帝王式的独裁，如慈禧，如光绪帝，如袁世凯，朕即天下，朕即真理。杨继绳说这是"权力中心和真理中心的合一"。臣下对帝王的依附关系几乎是人身依附关系。

而党魁式的独裁，如孙中山、蒋中正，党魁即权力，党魁即真理。党魁式的独裁不再是依靠个体对党魁的人身依附关系，而是用一套党组织的规章纪律来维系，党魁的指令依靠党的组织去层层执行，如身使臂，如臂使手，其组织动员能力更强大。

而段祺瑞以及与他同时的黎元洪、徐世昌、冯国璋诸北洋巨头，最大的问题就是没有看到新的时代中，党魁独裁代替了个人独裁，他们对组建政党、参与议会政治并没有太大兴趣。袁氏一派看到宋教仁要组阁，第一反应是干掉他，不是组建、运营一个对大众更有吸引力的政党去竞争。晚期段祺瑞也通过徐树铮等人组织安福俱乐部，但那仍然不是一个现代意义上的政党，而国民党是。

南京政府取代当时的北京政府，不是没有道理的，这就是政党政治对文人官僚政治的取代，也是"有意识形态"的政治团体对"无意识形态"的政治团体的取代。中国历史上，北伐成功的只有朱元璋和蒋中正。蒋之北伐，与意识形态的文宣关系极大，北伐军是有"话术"的，北洋军没有。

像冯、段这样在清廷入仕的军事将领，并未像宋教仁那样在东瀛浸淫多年，对政党政治的理解只是皮毛而已。在民初的北京，他们甚至都没想过怎么去控制舆论，这不是因为他们宽容大度，而是他们想不到。晚清时候的北京舆论有多透明？光绪帝每天什么时候吃药，吃什么药报纸都能报道（见杨早著《清末民初北京舆论环境与新文化的登场》）。

即便是孙中山，对政党的态度也与段相去不远，宋教仁要攒一个大党，要求同盟会的现代化转型，孙中山坚持同盟会继续保持地下运作，与宋龃龉良久。宋教仁不无讥讽地批评孙中山说："像孙逸仙那样的政治家做领导人，中国革命要达目的，无论如何也是不可能的。我们相信，在真正的大首领出现之前，努力钻研有关的政治的书籍是得体的。"

宋去世后，孙自组中华革命党时，即要求党员必须服从党魁。这就是把帝王式独裁和党魁式独裁混为一体，实在是一种倒退。国民党真正崛起，是国民党"一大"之后的事情了，那个时候，得到苏联的加持，国民党才像模像样起来。

回到段祺瑞，在那个年代，段在新旧转型之中保持了一个佛教徒、一个儒将、一个棋手、一个德国粉的基本行为特征，不能用今人之标准严苛。这个烂摊子支撑到这样子，着实不容易，比如重新修订各种对外条约的努力，加入参战国争取战后话语权，当时的北京政府着墨不少，成就斐然。

回顾段祺瑞是一件重要的事。毛泽东说，百年魔怪舞翩跹。张勋复辟至今整整一百年了。一百年来，中国在转型的路上走了太久，从北洋时期的立法，到南京政府的训政，到人民政府的人民民主专政，到20世纪80年代后的体制改革，到进入全球化的今日，历数代人而不辍，无非是为了这一件事。回到历史现场，回到当初的原点，我们应该有意识地去探寻，今日之中国从何处来，今日之中国何以成为今日之中国。

参考书目：

唐德刚：《段祺瑞政权》，远流出版公司 2012 年版。

张一麐：《直皖秘史》，中华书局 2007 年版。

吴虬：《北洋派之起源及其崩溃》，中华书局 2007 年版。

吴廷燮：《段祺瑞年谱》，中华书局 2007 年版。

许指严：《复辟半月记》，中华书局 2007 年版。

（以上四种均收入中华书局《近代史料笔记丛刊》）

本文原载于 2017 年 3 月"网易历史"

05

民国大敌人：
大变局里
的身份认同

民国代替清廷，从几个方面都与清兵入关或者崖山投海不同。由帝制而共和，由儒学而新学，由臣民而国民，由天下而国家，这是三千年未有之大变局中的主要变化，我们今日称之为"转型"。

从南京汉口路 22 号大门进入南京大学本部，即为金陵大学旧址之金陵苑。在校史馆（即老图书馆）北侧花园之中，有一个两面皆字的碑亭，壁上所嵌者为两江师范学堂与金陵大学的校名碑石，校方称为"二源壁"。南侧魏碑体书"两江师范学堂"，北侧柳体书"金陵大学堂"。"二源壁"即象征着南京大学的两个源头。

"两江师范学堂"六字为学堂监督李瑞清所书。今人对李瑞清知之不多，此老系光绪年间进士，选为翰林院庶吉士，在江宁提学使任上署两江师范学堂监督。当时正值取消科举的次年，他远赴东瀛考察，随即调整了两江学堂的授课科目，使之实具现代大学之功能。两江师范学堂冠甲江南，此老功不可没。

辛亥鼎革中，新军兵临城下，李出任江苏布政使。革命党入城，程德全以省府顾问之职相邀，李坚决不就，自称亡国贱俘，挂冠而去，客居沪上，以卖字为生，他有个学生叫张大千。此后即以"清道人"行世，不署本名，亦不用民国纪年，誓于民国不共戴天。

李氏逝于 1920 年，清室以其曾任学部侍郎及江苏布政使之二品衔，谥曰"文洁"。挚友曾熙与弟子胡小石遵其归葬金陵之嘱，将其葬于城南牛首山。其墓饱经战乱风霜，破败不堪。直至 2002 年 5 月南京大学百年校庆之前，才重修了李墓，置原碑于前，墓碑上仅六个字：李文洁公之墓。李瑞清的传略见《清江苏布政使临川李公瑞清传》。

看李瑞清的资料时，我想到了远在北京的王国维。李瑞清去世七年后的 6 月 2 日，王国维自沉于昆明湖鱼藻轩（故 2017 年 6 月 2 日系王国维九十周年忌辰），是当年文化界之大事。王国维自沉后，清室谥曰"忠悫"。王国维葬于清华大学工字厅前，其地有"海宁王静安先生纪念碑"，陈寅恪撰碑文，中有"独立之精神，自由之思想"等句，多为近人引用。此碑我每至必访，惜乎游人零落。

清华大学竟于 1960 年将王国维之棺木迁往北京福田公墓，至 1985 年才立碑为传。碑文系王国维之弟子戴家祥所撰，沙孟海书写。正面书"海宁王国维先生之墓"。我想，王在遗书中当然不会明示细节，他的墓碑书"王忠悫公之墓"才合乎他的愿望，就像李瑞清那样，他们的身份认同是清朝遗民，而不是中华民国之国民。

最了解王国维的陈寅恪，也在纪念碑上书民国纪年，那是陈氏为王国维的遗老身份解套，并非王氏之愿望。陈氏写道："先生以一死见其独立自由之意志，非所论于一人之恩怨，一姓之兴亡。"但回过头看，一姓之兴亡重要吗？当然重要。尤其是作为郡县制最后一个王朝的清廷，其倾覆与前代绝不相类，不能简单地视为"一姓之兴亡"。

民国代替清廷，从几个方面都与清兵入关或者崖山投海不同。由帝制而共和，由儒学而新学，由臣民而国民，由天下而国家，这是三千年未有之大变局中的主要变化，我们今日称之为"转型"，甚至，直至今日，这个转型依然还在进行之中，我们依旧在这个大变局中。

李瑞清与王国维，一南一北，两位遗老，几乎就是民国的敌人。林志宏先生的著作《民国乃敌国也》，就是描述了这样的一群人：前清遗民。"民国乃敌国也"这六个字，正是遗老领袖郑孝胥所书。遗民群体，在转型过程中扮演了什么角色？他们又在坚守何种理想？其实关乎后来的历史演进脉络。只有进到历史情境的细节当中，才能看到他们之于中国政治的影响。

再造帝制

辛亥鼎革，后人称之革命，时人并不如此看。辛亥革命与法国革命相比，太过温和平缓，几乎没有"革命"。我记得幼时读鲁迅，老师说鲁迅很深刻，至于如何深刻则不甚了了。近年来，我是愈加看到鲁迅的深刻。比如鲁迅谈到革命，就是"咸与维新"，就是"革命了！同去！同去！"搬了宁式床，戴了银桃子，这就革命了？鲁迅的未庄，即"伪装"也。

回顾辛亥革命后的中国政坛，会发现前清督抚转个身盘了辫子就是督军，内阁总理大臣做大总统，驻外使节原地不动，尚书侍郎变为各部会总长，地方上更不消说。缪荃孙就说，"亡国未有如此之易者"。什么意思？这个革命太简单了。

毋宁说，辛亥革命其实是一场改良运动。但这个改良，又处在新旧交替、中西冲突的背景下，因而又与一般的政治改良不同。

隆裕太后诞辰，民国政府派遣国务员前往朝贺，去故宫个个熟门熟路，都不用带路的。其中仅有一人系贡生未入仕，余则皆为前清旧官。别的不说，堂堂民国大总统徐世昌，副总统冯国璋，居然就是怀念前朝的遗老领袖。徐世昌经常去看望逊帝，领了封赏还要写在日记里，"蒙恩赏"。1924 年逊帝溥仪被逐出宫，善后委员会赫然发现多封徐世昌谢恩的亲笔原函。

副总统冯国璋，其妻周道如过世，他按照前清丧仪办，寻找"状元宰相"担任祭礼司仪，最后一位宰相陆润庠已逝，不得已找了状元出身的夏同龢。1927 年，民国已成立 15 年时，康有为七十大寿，溥仪赐御书"岳峙渊清"，康有为穿清代朝服，顶戴花翎接旨谢恩。

试问，这样的民国，如何完成臣民到国民的转变？过去我们史书上说袁氏称帝黄粱一梦、张勋复辟昙花一现，均系共和民主已深入人心云云，实则如何？身为中华民国大总统的徐世昌尚且入宫跪拜，前清官僚在民国从政者十之八九，何谈普罗大众？何人敢言共和民主已深入人心？

在世界历史上，我们也找不到这样的一个例子，逊帝依然住在皇宫之中，前朝大员接踵摩肩如过江之鲫般地去拜望，而新政权就在一箭之地。所谓卧榻之侧，岂容他人酣睡？想想赵氏孤儿的案例，不得不说当时北京政府实在是太松心了。再退一步说，即便主张帝制，主张复辟，那也是当时北京政府所保护的言论自由之范畴。

我以前不太了解袁氏称帝和张勋复辟的动因，后来才发现的确是有其土壤的。制度层面，帝制骤变为共和，而人心不能骤变，社会不能骤变，文教不能骤变。自民国成立之日起，反民国，复帝制的声音无日无之，袁氏称帝和张勋复辟都是有迹可循的，不是什么突发事件，共和之所以难产，不是因为共和本身有什么问题，而是共和徒有其表而已。

像李瑞清和王国维这样的当世学林领袖，根本就不承认民国的存在。遗老们还发明了一些隐喻的暗语系统去称呼民国，比如"氓国"、"冥国"之类，管大总统叫"大肿桶"之类的。鲁迅指责林琴南说，"你老既不是敝国的人，不要再干涉敝国的事情罢！"这是一套"不承认"的暗语系统。

我在上一篇谈段祺瑞的文章里，用了"共和主义初级阶段"这个词，就是从民初六年里两次复辟、三造共和的角度去分析，如果再分析伪满洲国的成立原因，与二战后中国的走向，建政后的历史，放在一百年的视野里去看，必须承认共和之艰难与反复。

君臣大义

"民国"对时人而言意味着什么？仅仅只是没了皇帝吗？没有了皇帝很重要吗？《茶馆》里面说的"大清国要完"仅仅只是一句叹息吗？在后人的进步史观看来，从帝制而共和，是国家形态的进化与演进，可是历史现场里，不是每个人都能理解这种变化的。

在很多人眼中，民国堪比五代之乱。《申报》主笔杨荫杭（杨荫榆之兄，杨绛之父），是早稻田留学归来的新派人物，经常拿五代政事来比喻民国。"不料共和之结果，一变而为五代之割据。"遗民更是如此，恽毓鼎、劳乃宣、罗振玉诸人，在诗词酬唱与信件中，常以五代类比民国。在他们心目中，这是一个乱世。

对知识分子而言，乱世之乱，并非只是兵连祸结，而是纲常名教的沦丧。章梫就说，"三纲扫地，人类将尽，不止为六朝五代乱，未可猝定"。辜鸿铭认为中国受法国雅各宾派过激思想的影响，厚颜薄耻成为常态。帝制时代的道德情操被一扫而光，并认为这才是真正的"黄祸"。

辜鸿铭批评袁世凯对清室背信弃义，直接毁弃了中国人原先的廉耻心与责任心，也破坏了政教与文明。梁济在遗书中也说，他"殉清"并不是以清朝为本位，而是以"义"为本位。这是文化的而非政治的。换句话说，遗老是在文化的意义上忠于纲常名教，不是政治的意义上忠于清廷。

在他们看来，清廷是五千年来中华文明制度的象征。在过去"家国同构"的体系之下，以"君君，臣臣，父父，子子"为准绳，忠孝一体，君明臣忠，父慈子孝，这是政治以及道德的起点。由忠孝而衍生出的纲常，亦保证了尊卑秩序。皇帝既然不在，忠于谁呢？皮之不存，毛将焉附？忠君观念不存在，其他的人伦价值如何保证呢？这就是辛亥鼎革与过去一姓天下更迭的不同之处。

另外，清遗民与明遗民对改朝换代态度的不同之处还在于，一统垂裳的天下体制遭遇了种族问题的冲击。虽然经常会被类比，但清遗民更有文化价值上的自觉，与种族及政治关系甚小。在知识分子看来，传统的夷夏之说是在文化意义上区分敌我。叶德辉就明言，强调君臣伦理与种族问题无关。比如康有为，在诗词中，就不会区分"中国""清朝""中华"的概念。易言之，君臣大义的位阶是高于种族问题的。

为了为复辟张目，遗老们成立各种孔教会与宗圣会，倡言读经尊孔。不仅如此，还要拉民国领袖为之背书。比如孔道会，延请冯国璋为名誉会长。宗圣会，则由阎锡山经济援助。张勋驻军徐州，有新党商议砍伐孔林，张勋特地派兵驻守曲阜孔庙。后来孔令贻深感其恩，一度有意在曲阜三孔附近，为张勋建生祠。

既然讲君臣大义，倡立孔教，倡言读经那是题中应有之义。袁氏称帝，一度要求尊孔读经，小学生念什么《弟子规》《三百千》这些读物，都与帝制的背景密切相关。今人不察，纷纷以国学为大学问，家长送小孩子去读经，那是不晓前朝故事而已。

倒是日本人桑原骘藏谨慎地提出：如果把孔教设立为国教，那么极大可能引起中国其他宗教及民族的关系紧张，不利于中华民国的凝聚力。何况，国外的宗教人士也会以"宗教自由"为名，不利于中华民国的外交。

遗老与中国学术

有清诸帝如康熙、乾隆等，经常以元代自比，凸显本身之正统地位。这样一来，给了革命党一个操作种族议题的机会。以"驱除鞑虏"为口号，把反满革命与民族压迫相连接，以异族统治来否定清廷之合法性。好在清季满汉问题并不那么严重，清廷也试图以"中体西用"消解种族问题的冲击。辛亥革命后，"五族共和"代替了"驱除鞑虏"，更可见时人对种族问题的谨慎。

从"驱除鞑虏"到"五族共和"，反映了辛亥革命中的边疆问题。遗民何藻翔说："满清入主中夏，挈满蒙回疆二万余里，归我版图。今国体骤更，五族仓卒，如何集讲？谁人足当代表？"

遗老们此时的意见相当重要。何藻翔认为，为了避免民族分裂，应该有名义的君主，但为了免于过度专制，虚君有其必要。最好的办法就是"迎立异族为君主"。那么清室是当仁不让的选择。可以说，当时的这种政治构想，极大程度上考虑了中国的边疆问题。后来南京政府在地方政制上，设立西藏、蒙古两个"地方"，未设行省，也是考虑到边疆的政治变动。

西方学者在辛亥革命前多次在中国新疆地区发掘考察，建立了 20 世纪初国际学术界的显学敦煌学、吐鲁番学等，令罗振玉、王国维心疼不已。王国维、罗振玉去国赴日后，与内藤湖南、狩野直喜等京都学人的交往，在学术上推动了中国边疆史地的研究，也为后来民国在边疆的主权论述寻求了相当有力的依据。

《清史稿》的编撰、南社的成立等，都是遗民推动文化思想的行动。比如张元济，与许多遗老互通有无，借助他们的藏书与学术研究，出版了许多稀见的刊本。沈曾植、沈曾桐、缪荃孙等遗老，为涵芬楼的《四部丛刊》贡献了相当大的力量。遗老赖际熙在香港创设学海书楼，购置海外汉文典籍充实，使得学海书楼成为岭南的学术重镇。赖际熙在香港大学创设中文系，早于内地许多国立大学，时人评曰"礼失求诸野"。

在新文化运动的大潮中，他们坚守古典中国的文化价值，经由这些文化活动去形塑当下的政治价值，以抵御新旧之争中的挑战。像陈独秀、钱玄同等人对旧学的极端批评，引起中国人一种对"新的崇拜"。举凡旧的就是恶，就是落后、就是糟粕；举凡新的就是好的，就是进步，就是精华。五四运动前整个反传统的思潮，让遗民们忧心不已。壁垒分明的背后就是认同的危机。

《学衡》即诞生在这一背景之下。学衡派反对胡适等人提出的白话文运动，主张"中正之眼光"，"无偏无党，不激不随"的态度。吴宓说："今欲造成中国之新文化，自当兼取中西文明之精华，而熔铸之，贯通之。"梅光迪说："吾国所谓学者，徒以剥袭贩卖为能，略涉外国时行书报，于其一学之名著及各派之实在价值，皆未之深究，只问其趋时与否。"学衡派诸老甚至深入到了对五四运动的反思。2016年，南京大学成立了学衡研究院，我是希望这个研究院能多想想一百年前的命题。

共和与复辟

今人常常将"共和国"挂在嘴边，然则何为"共和"，恐怕少有人知。欧洲的共和制，英文为 republicanism，日本学者将之译为一个中国古典词汇"共和"，反而无法对其精确定义。辛亥鼎革，"共和"一词被频频滥用，甚至有"共和女性"之说。袁氏后来也借民间对共和之不满，为帝制张目。郑孝胥有专文《论共和之恶状》，直斥共和之非。康有为也撰文极力反对不成熟的共和。

然而共和到底是什么？周代厉、宣之间，周公、召公共同辅政，中间 14 年没有周天子，史迁将这段时间命名为"共和"，共和，简而言之，即无帝也。但从西方及日本引入的共和，则有了更多含义，是一整套的意识形态和政治体系，包括元首并非世袭，经由选举产生，等等。

康有为结合传统定义，提出虚君共和论，主张不是复辟大清，而是另建"中华帝国"。劳乃宣特意写了《共和正解》，提出"共和"乃是君主立宪制，并援引周召共和故事，并主张今日之民主，不是共和。他劝诫袁氏维持君主制度，甚至在袁氏就任总统后满十年后，采取周召共和的方式，仿日本德川幕府还政明治天皇的故事，还政于溥仪。

这些遗老们，不仅不承认民国之实际存在，反而时刻意图颠覆民国。这就是中华民国最初 15 年的状况。袁氏逝后，张勋、倪嗣冲等人就在公开商议复辟，就连中华民国的副总统冯国璋都私下认可。至于大总统徐世昌，对张勋复辟几乎采取视而不见之态度。民国之根基薄弱，由此可见，共和之反复，也就在情理之中。

民初的国家治理扰攘不堪，袁世凯又失信于民，人心思旧，本也无可厚非。何况在当时大部分中国人的政治认知中，民国不过是取清廷而代之，与王朝更替无异，故而对复辟故事也视若平常。

后来故宫善后时，胡适以优待条例为由表达不满，周作人即去信讨论说："在民国放着一个复过辟而保存着皇帝尊号的人，在中国的外国报纸又时常明说暗说的鼓吹复辟，这是多么危险的事！"

还有一点，遗民早期反对民国是因为北洋时期的共和乱象，后期则恐惧于国民党及其他势力。大学者叶德辉因为支持帝制，北伐时被杀，家中藏书财产被洗劫一空，给遗民带来相当大的震撼。周作人也说，帝制时代享受的平等自由空气，远胜如今的恐怖时代。郑孝胥的共氏三世之说也与此相关。

辛亥之变，五德终始说与天命循环观从此结束，所谓的王朝周期律至此失效。但辛亥革命不是终点，而是起点。转型时代由此揭幕，政治秩序与思想的重大转变开始了。这就是共和主义初级阶段，新的主义、新的信仰、新的生活方式到来了。"天下"结束了,"国家"到来了。民族主义从此成为意识形态的主轴,夷夏之防的文化冲突变为民族冲突,形塑了整个 20 世纪中国政治演进的轨迹。

参考书目:

林志宏:《民国乃敌国也——政治文化转型下的清遗民》,联经出版公司 2009 年版。

陈平原、王风编:《追忆王国维》,三联书店 2009 年版。

本文原载于 2017 年 5 月"网易历史"

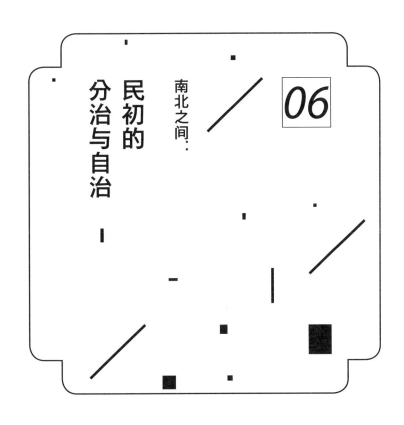

南北之间：
民初的
分治与自治

06

我常常觉得，辛亥之役，革命和共和来得太简单、太快速了。以致中国人从未真正体会过真革命和真共和需要付出什么样的代价。

广州珠江之畔海印大桥附近，有两幢三层的意大利式建筑，系孙中山大元帅府旧址。南北两楼之间原以架空走廊相连，今不复见。每层都有券拱式凉廊，朱门白拱，黄墙青檐，北望珠江，非常漂亮，西式建筑之中而有明显的岭南风格，实不多见。这组建筑初建于 1907 年，由澳大利亚人亚瑟·帕内（Arthur Purnell）设计，是广东士敏土厂之办公楼（士敏土即水泥，英文 cement 的粤语音译）。

十年后的 1917 年 9 月，该组建筑成为广东护法军政府之驻地。孙中山在此三次建立政权组织，依次为中华民国军政府、广州中华民国政府、中华民国陆海军大元帅大本营。1925 年 7 月，国民党改组大元帅大本营为国民政府。此前的八年时间，南方政府与北京的中央政府形成南北对峙之局面。

国民政府的法统延续，与这组建筑密切相关。己丑鼎革之后，此建筑历经多次折腾，破败不堪，但终在 2011 年辛亥百年之前修葺一新，辟为孙中山大元帅府纪念馆对外开放。在我看来，理解 1917 年以来的百年中国，这座建筑实在是一个绝佳的注脚。

中国的南北之争，或曰南北对峙，历来并不鲜见。但中国由帝制而共和之后，孙中山实为南北之争的始作俑者，亦开"国中之国""一国两府"之先河。北京有中华民国政府，广州有中华民国军政府（后改为中华民国政府、中华民国国民政府），均声称自己为中国之唯一合法政府，南北之争造成长期的纷争扰攘。

民初的南北之争，追究其细节，也颇为纷繁。唐德刚先生说，南北互斗之间，南方之内部有互斗，即南与南斗，北方之内部亦有互斗，即北与北斗，这种"区域内战"打了好几次，例如直皖战争与粤桂战争。

在这南北之间，却有另一种风潮，在当时甚或比五四运动更为引人注目，即中国在 1920 年前后的联省自治运动。中国当时的地方枋政者对南北之争均持失望态度，大体上并不依附或支持其中一方，而主张本省自治，最后再联省推出一个新政府，或可看作是南北之争中间的"第三条道路"罢。

中国学界历来对中央政制层面的分权有较多研究，而对地方分权主义较少留意。中国台湾学者胡春惠教授的《民初的地方主义与联省自治》即为这一领域的扛鼎之作，深为后学推崇。

大一统与联邦主义

中国自古以来即有"普天之下莫非王土"的说法，虽有五德终始之流转，但皇帝为天子定于一尊，垂两千年而不变。毛泽东也说，"百代皆行秦政治"。"秦政治"是什么？在我以为即大一统之郡县制。但同时，我们又有古谚语说"天高皇帝远"，由于地广人稀，山川间之，语言各异，交通及信息并不发达，地方（尤其县以下）自治几成常态。中央政府之存在，其象征意义大于实际的管治意义。

中国的士人，又多受"治国平天下"之影响，一心想着

"为万世开太平"，其注意力多在中央政治，也因中央之集权，地方政治亦无从展开，故形成政治哲学和政治实践的分离。意识形态上大一统是一种迷思，而实际生活中，又是天高皇帝远，只见地方士绅。张东荪称之为"两橛"，费孝通则称之为皇权与绅权的双轨政治。

20世纪80年代，我曾在关中乡下的门楼上看到《乡规民约》，言辞古朴。当时年齿尚幼，外祖父告诉我自民国以来即如此，颇为难得。后来我在关中乡下见到门楣上的"耕读传家"四字，就相当理解。读，即科举出仕，去中央，看尽长安花；耕，即读书不成，在地方，躬耕于垄亩。中国的知识分子，往往参与中央政治无望，才会退回做个乡绅。

从政治层面上说，中国古代的地方主义多表现为地方豪强坐大，如坞堡政治与藩镇割据，往往对中央形成威胁。至有宋一代，始成"实内虚外"之势，重兵屯于京畿，边关羸弱不堪，方有檀渊靖康之事，引发宋儒夷夏之辩。葛兆光目为对中国主体性的发现，兹略过不提。但元明之后，中央集权日盛，至康乾间，已至顶峰。

清初，地方督抚本是中央简派出的行官，巡视地方，直接向朝廷负责。所谓行省，即"行中书省"之简称也，中央之派遣机构也。比如总督的正式官衔名为"兵部右侍郎兼都察院右都御史，总督某地等处地方，提督军务粮饷"，巡抚的正式官衔名为"都察院右副都御史，巡抚某地等处事"。太平军之后，地方督抚权力渐大，行官成为坐官，为一省或数省之最高长官。在自强运动之中，逐渐取得一省之财权、军权、人事权，中央政治权力被迫不断下移，督抚遂掌有地方，反"实内虚外"之势为"外重内轻"。

至庚子之乱，乃有两江总督刘坤一、两广总督李鸿章、湖广总督张之洞、闽浙总督许应骙、四川总督奎俊及山东巡抚袁世凯，联合南方13省，私自与敌国签订"剿匪、保民、护商、不相犯"之中立协议，毫不理会以慈禧为核心的中央对西方11国的宣战，史称东南互保。

清季江督、直督这两个帝国政治中最位高权重的封疆大臣，调换颇为频繁。曾国藩、刘坤一都是三任江督，几乎一两年一换人。而且按照不得在本籍为官的任免规矩调换，湖广总督张之洞为河北人，两江总督刘坤一为湖南人，两广总督李鸿章为安徽人。这其实也显示了清廷中央对封疆大吏的提防与制约。

东南互保视中央为无物，但除山西、山东、直隶之外，大部分地方免于庚子战火。慈禧事后表扬东南众臣"度势量力，不欲轻构外衅，诚老成谋国之道"。她不知道的是，从荡平发逆到东南互保这40年间，地方督抚给大清帝国挖了一个巨大的坟墓——那就是地方主义以及地方实力派的崛起。湘、淮势力，均系中兴名臣亲手缔造。

自强运动（或称同光中兴）以来，各省的权限不断扩大，也是因为各省渐有自己的利益，比如铁路、电报、矿山等。庚子之乱后，中央建立邮传部、工商部，要收地方矿权、路权，建立陆军部，收兵权，督抚一片反对之下，清廷调地方大员中最有实力的袁世凯和张之洞到中央。

预备立宪期间成立的各省谘议局，容纳了各省重要士绅，以参与地方政治的姿态反对清廷的集权，呼吁地方的分权。地方主义从此正式成为一个时髦名词。"湖南是湖南人的湖南"，"四川是四川人的四川"，各种口号风起云涌。知识分子也创设多个地方杂志倡导"联邦主义"。革命党在海外也号称要学习联邦美国，各种联邦和自治理论见诸报端，呼吁创设中华联邦云云。

在此中央与地方的矛盾呈一触即发之势时，保路运动爆发。湖北新军被调入川，武昌空虚，再加上一个擦枪走火的失误，辛亥革命就来了。以湖南、陕西为首的各省纷纷宣布独立，这是中华帝国两千年来未有过的政治概念。帝国摧枯拉朽一般轰然倒塌。大部分省份的独立得益于地方士绅与谘议局的配合，正是那些力倡地方主义的人，接管了地方政权。

我常常觉得，辛亥之役，革命与共和来得太简单、太快速了，以致中国人从未真正体会过真革命和真共和需要付出什么样的代价。辛亥鼎革，既是革命，又是改良，恐怕单一的定性无法概括其复杂性，标签往往让人一叶障目而不见泰山。

前文提到官员任免要避籍，辛亥鼎革后，各省外籍主官均被驱逐。独立后出任地方大员的，都是一些立宪运动中的地方领袖或者倾向革命派的将领。比如陕西巡抚钱能训为浙江嘉兴人，西安将军文瑞为满洲镶红旗人。继之的督军张凤翙为西安人，新军管带，担任西安起义总指挥，时年 30 岁。后任督军陈树藩，陕西安康人，辛亥革命时 26 岁。

湖南是湖南人的湖南

湖南在中国近代史上是一个非常特殊的存在。我去岳麓书院参访，看到门口的楹联"惟楚有材于斯为盛"，想起来这是湖南人的slogan（口号）。湖南人喜欢炫耀辛亥之役的功劳，也难怪，当年湖南的确是开风气之先的地方。时务学堂设于长沙，熊希龄、梁启超、杨守仁均是一时之选，学生有蔡锷、范濂源、傅良佐等。从维新运动到革命运动，湖南算是大本营之一。

湖南特殊在哪里呢？当时就有学人指出，以湖南的战略地位，向北向南，均可控制中国（本部）南部或者北部之一半。梁启超早在时务学堂时，就曾向湘抚陈宝箴提出湖南自立自保。谭嗣同则说，湖南要做中国的"萨摩长门"，做中国的干城。湖南自治运动的代表人物彭璜，在《怎么要立湖南国》一文中分析说，湖南没有显赫贵族，亦无显赫巨富，湖南人生性好斗，勇于进取云云，意图在洞庭之南五岭以北，"划然为域"。

若我们在地图上看，湖南位于南北要冲，护法战争期间，南北战争的战线从陕西汉中到福建漳州之间划出一道曲线，湖南是双方战事的主要发生地，南北双方在湖南驻军超过十万人，湖南苦战久矣。但同时，这也使得湖南的政治地位陡然提高：湖南偏向北京，则北京胜，湖南偏向广州，则广州胜。湖南的政治动向，是 1917 年以后整个中国的政治焦点之一。

当时为湖南学联成员的毛泽东，在给老师黎锦熙的信中说道，"吾人主张，湘人自决主义，其意义并非部落主义，又非割据主义，乃以在湖南一块地域之文明，湖南人应自负其创造之责任。湘人自决主者，门罗主义也。湖南者湖南人之湖南，湖南人不干涉外省事，外省人亦切不可干涉湖南事"。（见中共中央文献研究室、中共湖南省委《毛泽东早期文稿》，湖南出版社 1990 年）

1920 年，湖南省议会选出林支宇为临时省长，这是民国之后，第一次由国民代表选出省长。次年，湖南全省公民以直接选举之模式选出省议会，制定湖南省宪法。省长则由省议会划定四位候选人，再交由全省公民总投票选出，首创直接选举与间接选举的混合选制。省议会及省长直接选举均系中国首例，值得大书特书。

议员们既由省民直选而出，自然代表人民意志，替人民看住钱袋子。比如省宪法当中，严格规定军费开支不得超过 30%，教育开支不得低于 30%，1923 年的省议会审议预决算，曾严格质询省府为何军费超标。虽然湖南议会是中国的第一个民选省议会，但真是像模像样的议会。

惜乎在湖南的护宪战争中，谭延闿与赵恒惕两派分道扬镳，赵氏接受了北方吴佩孚的援助，打破了湖南好不容易建立起来的内部平衡，而南方政府也对赵氏的北倾极为愤怒。在唐生智的炮口之下，赵恒惕最终表示不竞选下任省长，并任命唐为代理省长，自己引退。而唐生智在蒋中正誓师北伐后，废除湖南省宪，倒向了南方政府，北伐之胜，得益湖南多矣。

湖南自治的六年中，积累了大量经验，从理念的提出到实际操作，均为全国瞩目。我们以今日之眼光去看《湖南省宪法》，仍有诸多值得借鉴之处。比如对军费教育预算的规定，军人不得竞选行政及立法机关职位，市长必须市民直选，如此等等，是一部非常有前瞻性和操作性的省宪。

南方的问题

民初护法之役时，南北双方均无能力制宪。盖因进步党系主张中央集权，而国民党系主张地方分权。国民及舆论均将希望放在国家宪法之制定上，咸以为民初之乱，乱在无法。

虽说民国是亚洲第一个共和国，但立国六年仍未正式立宪。1918 年安福系制宪后，获旧国会支持的广东护法政府自然不认账。南北均欲以中央政府之名义制宪，故南北之争实为法统之争。

不仅有南北之争，南北双方各自的内部也纷争不断。在北京，直皖之间矛盾重重，段氏矢志以武力统一中国，颇受直系杯葛。直到段氏解职后，徐世昌才下令罢战。而在广州，孙中山虽号称北伐，但本地陆荣廷的老桂系以及唐继尧的滇系并不买账，政学系也颇多掣肘。孙中山去职后，护法的意味也没有了。时人李剑农说，"不惟南北不能统一，并且南也不能统南，北也不能统北"。

唐德刚先生把南北各自内部的战事称为"区域内战"，全国性的护法战争就此停止。公平地看，奉系张作霖的入京南下，与孙文之北伐，本质上并无区别，这种戏码和刘项之争，本质也无区别。我也想过，假如张作霖胜了南方，今日之中国系何等样貌呢？这大概就是中国历史上的分久必合、合久必分的套路吧。

孙中山在自治运动风起云涌之际，在广州成立具备中央性质的政权。可是对广东人来说，即便孙本人是广东本地人，但这个政权却是一个外来政权，比如旧国会的衮衮诸公，比如江浙系的辛亥元老。广东护法政府的收入均来自广东省，意味着广东以一省之力供应一个中央政权，可谓"省中之国"，广东苦不堪言。故其自治的呼声其来有自，当然与护法政府有关。

在一个热衷于统一全国的政权下，真正替广东人说话的反而是陈炯明这样的粤系人物。所以，孙陈之间的矛盾不可避免。陈炯明认为，弱小的不被承认的中央，还不如搞联省自治。不仅如此，陈确实开始了自治的实操。比如，在《广东省宪法草案》中曾明言：对中央政府之立法或作为，省保有否决或不承认之权。

尤为重要者，省宪明言：国政府所定法律或对外缔约，有损及本省之权利或加重本省之负担者时，先取得本省之同意。此条对广东护法政府而言，完全是无法接受的。如此一来，孙中山的"中央"，有其名而无其实。孙中山等国民党系当然不会同意。陈炯明等人反对广东军政府，实与鼓吹自治有莫大关系。

陈炯明的自治思路是，联村自治，联县自治，联省自治。联村是直选，县以上则是间选。这在那个时代，非常难得。

我想起王力雄的《递进民主制》一书，主张大体类似，可见广东自治的先进性。唯其如此，才让孙中山在广东愈加艰难。孙甚至亲自写了文章批判陈炯明，称国家之权力分配，不以中央和地方为对象。

虽然孙中山与广东本地有此矛盾，但在更大范围看来，广东军政府虽号称中央但联结西南诸省，颇有南方地方主义对抗中央集团的意味。孙中山开府广州时曾说，"此时救亡妙策，在南北分离"。孙中山的护法政府，性质上介于中央与省之间。说是中央政府吧，外交上并未获得承认；说是地方政府吧，又没有省政府那样的实权。孙中山一面鼓动西南诸省对北京要求自主，一方面又试图让西南诸省共拥自己，自相矛盾，尴尬得紧。

第三条路

戴季陶民初时曾喟叹道，所谓革命，仅得中华民国四字耳。话虽刻薄，确也是时人的不佳观感。回看民初这十年的纷繁扰攘，深觉中国转型之不易。民初先贤，在国家道路抉择上取法甚高。在"中国向何处去"这个问题上，民初的顶层设计着实考虑到了中国的国情、民情、文化、政治诸端，一心要为万世开太平。

梁启超在1901年的《卢梭学案》中就憧憬道，成就一卢梭心目中所向往之国家（取法于瑞士的联邦民主）："则吾中国之政体，行将为万国师矣。"戴季陶也说过，"中国作为亚洲最大的国家，应有舍我其谁之心，为亚洲出路负责任，要做负责任的大国"。所谓取乎其上上，方得乎其上。然则从中国转型历史来看，几乎可以说，播下的是龙种，收获的却是跳蚤。

辛亥鼎革，中国旧有的诸端矛盾均一一暴露。从政治上看，民初的第一大问题即为中央集权与地方分权的对立。清廷在维新运动之后，一直试图上收地方权力，袁世凯和当时的北京政府也都是主张集权。洪宪改元后的将军府制度，与清廷当年频繁调动封疆督抚的做法类似，都是一种削藩。在那个特殊的时代，民众一方面要求中央政府强势，一方面又要求中央政府不擅权，实在是很难找到平衡点。

联省自治运动在这样的背景下蔚然成风，可以看作是南北对立之外的第三条路。政治从本地开始，照顾到地方与中央的权力分配，避免中央擅权，同时避免军阀割据，看上去的确是一条出路。此外，联省自治充分照顾到各省自身的特殊性，避免整齐划一的一刀切。尤其是民初西藏、蒙古的分离趋势加剧，地方自治充分照顾到民族和宗教的因素，是一种"一国多制"的联邦安排。

大广西主义，大云南主义，湖南主义，北洋主义，诸多主张均可容纳在联省自治的旗号下。孙中山和蒋中正后来批评联省自治是军阀割据，其立场从中央集权的角度出之，并不公允。自治与割据的区别，在于军权与民权孰轻孰重。胡适也认为，自治才是打倒军阀的利器，因为自治彰显了民权。

在意识形态大一统的思维定势之下，统一常常成为中央政府擅权的借口之一，也是民间社会的迷思之一，更是无数大大小小战争的渊薮。中国的南北战争与美国的南北战争看上去类似，其实并不一样，美国的南北战争是基于一个更高的价值观念，即人权的平等，而中国的南北战争仅仅只是为了政令一致，中央集权。

民初的北洋外交，可谓硕果累累。仔细分析下，当时地方各有主张，北京政府几乎只剩外交权，只好倾力为之，同时，外交也不容易与民权发生冲突，外交几乎是中央政府合法性的重要来源，这也是北洋外交为外界称道的原因。除此之外，从清廷到袁世凯再到段祺瑞，几乎试图在一切领域增加中央权力，即便是孙中山，也与他反对的袁、段并无二致。

集权固然可以集中力量办大事。但集权太容易与民权发生冲突。易言之，在国家的发展进程中，很可能在某一个时段，国家强盛与民主自由是冲突的，或者说，国权与民权是冲突的。民初的分权与自治思想，恰恰就是为解决这种冲突，提供了一种几乎已经实践的政治方案。

中国是一个多民族、多宗教、地区差异巨大的国家，地方的特殊性问题往往会酿成局部的冲突，甚至影响到整个国家的稳定与和谐。后来南京政府在宪法中将西藏、蒙古列为"地方"，设置行政院蒙藏委员会，可以说相当程度上尊重了地方的特殊性。民初自治的思想资源，仍可为今人借镜。

参考书目：

胡春惠：《民初的地方主义与联省自治》，中国社会科学出版社 2011 年版。

谢从高：《联省自治思潮研究》，中国社会科学出版社 2009 年版。

本文原载于 2017 年 7 月"网易历史"

07

弱国无外交:

北洋政府
外交的形成

洋务运动的失败、中体西用宣告破产，说明器物层面的大跃进，并不能带来国际上的被尊重以及国家的真正强大。

　　北京东单的外交部街，我第一次去是在 2000 年。那时候外交部早就迁出，只有几座四合院由武警把守，想来就是早年的总理衙门及外务部旧址。还记得中学历史课本里配发过一张总理衙门的照片，门楣上书四个大字：中外褆福。语出《汉书·司马相如传》："遐迩一体，中外褆福，不亦康乎？"

　　很多年后，我才明白，"中外褆福"四个字，没有表面上那么和谐安详，背后是晚清在"三千年未有之大变局"中痛苦的惊心动魄的心态变化。总理各国事务衙门，是因应这一变化成立的。差不多在我看到那张照片的同时，也被告知：弱国无外交。

最近读完日本学者川岛真以及海外学者唐启华的几本关于中国近代外交的论著之后，对"弱国无外交"这句缺乏事实论证的似是而非的定论，不免心存疑虑。尤其是，这句话隐含的民族主义因素，在相当程度上形塑了 20 世纪的中国外交的基本形态，但也遮蔽了晚清及北洋政府时期中国外交的努力。

从一统垂裳到列国并立

中国传统的文化本体论塑造了"无国家、有天下"的特殊的"天下观"。所谓夷夏之别，是文化上而非种族的区分。"夷狄用诸夏礼则诸夏之"。所以中原地区与边疆地区的界限常常是变动不居的（用石之瑜的定义）。钱穆先生也说过，"中国文化之发展，乃系随于新地域之转进而扩大"。

在天下朝贡体制之下，古代中国是没有外交的。朝贡体制是一种上下级的纵向关系，中国皇帝是天子，处于同心圆的中心与金字塔的顶端，等着万邦来朝，夷狄们只有下跪的份。明清时期对海外番邦的翻译差不多都带一个"犬"字边，这种自信现在看来当然骇人听闻。

从马戛尔尼入华到鸦片战争时期，紫禁城的衮衮诸公才意识到原来大清朝并不是万邦之首，这个世界还有好多国家——有的一点儿不比中国小，好像随便一个国家陈兵大沽口都能威胁到大清朝。中法战争之后，李氏朝鲜成为中国最后一个藩属国，朝贡秩序只对朝鲜有效，早期的暹罗、安南、琉球等，早就脱离了中华朝贡体制。

1885 年日清交涉时，李鸿章主张"朝为我数百年属国，证据极多"，但伊藤博文却试图在主权国家的框架下谈判。在清政府的认知中，朝鲜是一个"自主而不独立"的"国家"。这就已经显示了天下体制与主权国家之间的矛盾。"自主"意味着清政府不干涉朝鲜的外交（此时主要对日本外交），而"不独立"则意味着清政府依然视朝鲜为朝贡体制下的藩属国。

在处理朝鲜问题时，朝贡的部分由礼部负责，自主的部分，则由总理衙门负责。可注意的是，礼部在功能上就是承担朝贡体制下与藩属国的往来。而根据日本学者坂野正高的看法，总理衙门则是处理朝贡体制所处理不了的其他涉洋事务，当时主要是通商事务。

在朝鲜问题上，"天下体制"遭遇了近代民族国家体系的严重冲击。尽管李鸿章也试图拿海西的《万国公法》与朝贡体制对接，但传统观念中的"属国"与近代西方外交意义上的"属国"差距仍然过大。问题不止于此，如果中华帝国最后一个藩属国朝鲜，完全独立或者成为日本的殖民地，那么行之两千年的天下朝贡体制将彻底崩溃！

可怕吗？从无远弗届的中华帝国，变成与海西列国并列的（乃至地位还不如他们）普通国家甚至三流国家，这种变化严重影响了紫禁城的想法，并反映在此后数十年的对外交涉中，也影响了北洋政府的外交主轴。

这个外交主轴就是要变成与海西列国一样的正常国家。在与列强打交道的时候，中国人知道了主权、领土、国际社会等概念。谋求国际地位的提高、维护主权与领土完整，是外交的主要目标。这种认知得来非易。

总理衙门设立的早期，主要是处理以通商为主的对外业务。后来由于新设五口通商大臣（由江苏巡抚或两江总督兼任，即南洋大臣）及三口通商大臣（直隶总督兼任，即北洋大臣），形成南、北洋大臣处理通商事务，总理衙门大权旁落，尤其是 1870 年李鸿章任直隶总督兼北洋大臣后，外交事务逐渐成为北洋大臣的禁脔。外交事务的中心也从东单转移到天津（这当然也与清廷希望外国人离北京越远越好的心理有关）。

总理衙门 1901 年被废，改立外务部，这是完全按照西方国家外交部的功能所设置的中央政府机构，其与总理衙门的临时性质不同，司职分类也大异其趣。从先按国别分设内部机构改为按职能分类。走出了外交近代化的第一步。后来中华民国北京政府外务部继承了大清国外务部，形成了具有近代意义的外交体制。

中华民国建国之初，孙中山在临时大总统宣言中即宣布了临时政府的宗旨："临时政府成立以后，当尽文明国应尽之义务，享文明国应享之权利……得与世界各邦敦平等之睦谊……将使中国见重于国际社会。"

什么叫"文明国"？就是具备近代国家所需要的政治制度、民生政策及评价标准。川岛真认为，至少在光绪新政到中华民国前期，"文明国化"就已经是中国精英的意愿了。尤其是外政官僚，自觉地把"文明国化"当作是外交的使命。我认为这与洋务运动的失败、中体西用宣告破产有关。器物层面的大跃进，并不能带来国际上的被尊重及国家的真正强大。按照海西列国的逻辑以及《万国公法》，只要跻身"文明国"，大家都是平等的，那么不平等条约可以废除，关税可以自主、领事裁判权可以废除——好处太多了。

另外一个原因是，获得西方（包括日本）对中国"文明国"地位的承认，也关乎中华民国北京政府自身的合法性。正是这样的认知，使得外交成为中华民国北京政府的第一要务，外务部（后来改组为外交部）成为中华民国北京政府最显赫一时的中央机构。"文明国化"当然需要中央政府的努力，但其成果却是外交部对外交涉的最大依据。

我小时候看到什么领事裁判权很愤怒，凭什么外国人在中国犯事要拿他们国家的法律来审？后来看了很多案例才知道，那会儿老外根本不信任中国的法律与审判，能不能秉公执法另说，光是法条都不全。在近代化或者说"文明国化"的过程中，就需要各种立法，就要求立法机构民选，这是一个系统的体制变革。

1907年的第二次海牙和会对中国外交官僚是个刺激，中国被列为三等国，让陆征祥心痛不已。陆致电外务部说："南北美洲各国群訾我为法律最敝之国，而欧洲各国附和之。"他回来就敦促清廷，制定宪法及其他法律，以保主权。当时的情况，外交官对本国的制度最不满，最想改变。

外交是一门专业，不是翻译

南京临时政府外交部的制度大体被北洋政府沿袭。而出任中华民国北京政府外交官的人，多数都是曾在总理衙门、外务部及南、北洋大臣处历练过的专业人才，许多人曾经有出使经历。

这里不得不说总理衙门下属的同文馆。该馆为近代中国贡献了很多外交人才。同文馆出身的汪凤藻、陆征祥，很早就持节海外。光绪十八年（1892年）以后派遣的37名海外使节中，同文馆出身的占35%。1912年到1928年驻外公使中，同文馆出身的占20%。（见郎振环著《同文馆外语教科书的编纂与外语教育的成效》，香港中文大学四十周年校庆国际研讨会论文集，2009年）

同文馆在后期，已不单纯是语言学校，更具有洋务学校的性质。用今天的话说，同文馆早期很像现在的北京外国语大学，后来更像外交学院。同文馆在1902年被并入京师大学堂，而外务部则重新设立了自己的附属教育机构。最重要的两个就是俄文专修馆与清华学校。

光绪二十年（1894年）前后，清廷已经注意到外交人员光学习语言是不够的，还要学习洋务（西学、矿物、铁路等）。1902年，对外交人员的专业性要求，已经在袁世凯给光绪皇帝的上奏中出现。袁建议培养专业的外交官僚，1906年，驻法国大臣刘式训就提议由外务部招考世家子弟，"录充外交生，列名专册，以备使臣调用"。

1907年清政府就要求各地方大员和驻外领馆把留学生的名单上报，归口管理。外交人员也有出自科举的，但总数并不多，多数人员还是新式学校毕业生和留学人员。总体上，这些举措丰富了科举被废之后外交人才的培养路径，为后来的北洋政府储备了大量外交专才。这批人大体上有着共同的背景：出身同文馆或者海外留学归国，外语娴熟，精通国际法。

在外交人员的考试及录用上，北洋外交部也大幅度套用西方国家的做法，并依照日本的制度颁布了《外交官领事馆考试暂行规则》，主导这一规则的主事人，正是留学日本、时为外交部次长的曹汝霖。相对于当时的文官考试，其考试和录用都更为严苛。

1919 年第二次外交官考试，来自海外大学的 27 名考生中，有 23 名来自日本，这其中又以明治大学、法政大学、中央大学为多。川岛真认为，当时日本为中国培养的法政官僚极大程度上支持了以外交制度为主的各种制度的近代化建设。

在我以为，大正时期的日本对中国近代化的影响是被低估的，至少在中华民国前期，这种影响超越了欧美对中国的影响。且不说外交领域的人才，民国有日本背景的大佬不计其数，蒋中正、张群、张季鸾、汪兆铭、阎锡山、段芝贵等，很大程度也影响了抗战前的中日关系。

川岛真注意到了这种专业性的诉求，也提到了中华人民共和国的外交人才不少是毕业于"语言学校"的北京外国语大学，在外交上执行的性质更多，很不同于日本的外交人才大部分毕业于东京大学的情况。

要革命还是要外交？

职是之故，中华民国的外交系统相比其他机构而言，是由一群有理想、有专业、有才华的年轻人掌管，如施肇基、颜惠庆、顾维钧、王正廷、沈瑞麟等人，均是一时之选，代表了野心勃勃的"青年中国"（坂野正高语）。很大程度上，在当时的中国政坛形成了一个力量强大的派系。他们全力以赴只做一件事：使中国在国际社会里成为一个正常国家。

　　具体的举措除了积极参与国际事务外，就是修约。所谓修约，就是将列强加诸中国的各种"不平等条约"在其届满时要么修改为平等条约，要么废除之。唐启华认为，"不平等条约"这个词虽然被频繁使用，但很难明确定义。王宠惠认为这个词非国际法专有名词，王铁崖也认为这是一个含糊的概念，其政治属性大过法律属性。

　　唐启华引用学者侯中军的标准，一个条约是否平等取决两个因素。缔约形式和程序是否平等，内容是否平等，是否损害中国主权。尤其以后者为主要依据。这样的标准算下来，中国近代与外国缔结的 736 个条约中，其中 343 个是不平等条约，不到一半，涉及 23 个国家。

　　不论如何，不平等条约是中国近代以来的梦魇。也是晚清、北洋政府遭受诟病的一大主因。但是早在同治朝，清廷便已经着手修约。同治六年到八年（1867—1869），中英谈判修约，已触及领事裁判权和片面最惠国待遇，最终达成的中英《新定条约》令英国政府不满意，不予批准。有学者已经认为这是中国修改不平等条约的起点。

清政府后来力行新政，仿照日本，届满修约或者废约，这自然先要完善国内法，设立新式法院及监狱，为取消领事裁判权做准备。其主导精神是，签订新约时，不能丧失新的权利，对原已丧失之权利，做更严格之限制。

北洋政府在与无约国签约时，坚持依照国际法，平等互惠，不给对方任何特权，即使谈不成，也不迁就对方。1915年的《中华智利通好条约》，被认为是第一个平等条约。后来北洋政府积极利用参战，废止中德、中奥条约，收回租界。战后，又利用战胜国地位，与一批国家缔结新约。一方面在国际会议提出诉求，一方面私下挨个谈判，显示了多元灵活的外交手段。

但同时，广州及武汉的南方政府，却秉持另一种外交思路——革命外交，在面对不平等条约时，主张一揽子废除，统统不予承认。这在宣传上非常容易鼓动大众情绪。因为承认条约与政权被外部承认几乎是一体的，作为在野的南方政府，一方面不当家不知柴米贵，另一方面在北洋政府修约时又给予事实上的羁绊（比如巴黎和会非要自己派代表宣称是唯一政府）。

1926 年 11 月 6 日北洋政府宣布废止《中比条约》，南方则不屑一顾，声称这个条约不存在。那时候北伐军已经打到武汉。海西列国彼时最困惑的就是中国有两个政府，而且南方政府很可能掌握政权。他们不得不与一个形式上完整但实力孱弱的中央政权打交道，又不得不重视那个完全不顾国际法的军人政权并与之周旋。

南京政府后来也因袭了北洋政府的修约方向，并且颇有成效，并最终逐步收回了加诸中国的一切不平等的条约特权，在这个意义上，其外交方向与晚清、北洋时期是一致的，可见在野势力上台，也不得不认真面对真实的外交环境。

揆诸史料，废约的成果着实寥寥。唐启华遗憾地说，列强外交档案中形容为狡猾、优秀、难缠的北洋外交官，都成了买办、走狗、西崽，交涉成果被一笔勾销。通过读书，我们可以看到历史的另一种记忆。这些记忆能够丰富我们对于历史的理解，破除许多并不存在的政治神话。尊重那些曾在过去的艰难岁月里为这个国家献出一生的专业人士的努力，就是尊重历史的一种应有之义。

参考书目：

唐启华：《被"废除不平等条约"遮蔽的北洋修约史》，社会科学文献出版社
2010 年版。

唐启华：《巴黎和会与中国外交》，社会科学文献出版社 2014 年版。

川岛真：《中国近代外交的形成》，北京大学出版社 2012 年版。

《三朝筹办夷务始末》，中华书局 2008 年版。

本文原载于 2015 年 7 月"腾讯·大家"

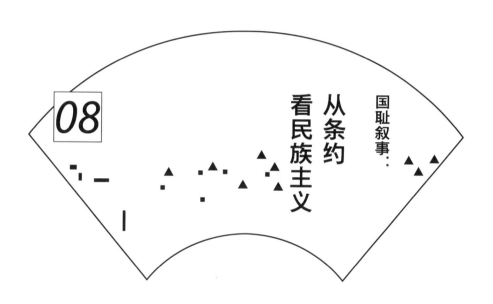

08

国耻叙事：
从条约
看民族主义

中国在更加深入地融入世界的同时，国耻叙述面临着一个难题，如果囿于传统的国耻论述而无法超越，恐怕很难与那些曾经的敌人建立新型的关系。

　　从南京阅江楼下的狮子山南麓沿建宁路往西，有一座始建于六百年前的古刹丛林，这便是南京静海寺。此寺之初建，在永乐、洪熙交替之间。明人葛寅亮在《金陵梵刹志》中记曰："卢龙山静海寺，在都城外，南去仪凤门半里，西城卢龙山之麓。文王命使海外，平服诸番，风波无警，因建寺，赐额静海。"

　　被称为"金陵八大寺之最"的静海寺，近年曾拟申报世界文化遗产评选。这座寺院系明成祖敕建，最先供奉郑和自西洋带回之法物，因此是"海上丝绸之路"的重要节点，代表了中国国力最高峰时代的荣耀，系"一带一路"概念。此外，此寺也是《南京条约》的议约之地，又记载了中国三千年未有之大变局中的国耻起点。

静海寺三毁三建，其中一次毁于 1937 年冬天日军进犯南京之时。最近的一次大规模重建在 1987 年，由东南大学潘谷西教授主持，翌年落成。1990 年，便在寺内设立《南京条约》史料陈列馆。1997 年前因香港回归又大规模扩建，又增设了条约陈列室，展示了中国近代（至 1949 年）与外国政府签订的 1100 多个条约。站在这些展板之前，不禁让人回到 1842 年那个炎热的夏天。

1842 年 8 月 12 日开始，中英双方在静海寺内断断续续谈判了六天，最终于 8 月 29 日在下关扬子江江面上的英舰皋华丽号（HMS Cornwallis）中签署中英《南京条约》。条约中将香港岛割让予英国，并开放五口通商，协定关税等。1842 年的这个夏天，成为中国近代史的起点。中国对此的传统叙述是，英国用坚船利炮打开了天朝的大门，从此陷中国于无穷无尽的痛苦当中。

2001 年，英国学者菲利普·布鲁斯（Phillip Bruce）将他收藏的三幅有关议约场景的速写捐给静海寺。这三幅速写是当时参加议约的英军的作品，依据速写及其他原始文献，静海寺在当年议约的东配殿旧址重现了议约场景。《南京条约》正本有两份，现在分存于英国伦敦与中国台北。

按照汉学家费正清的说法，从 1842 年的《南京条约》到 1943 年中国完全废除不平等条约，这其间的百年，可称为"中国的条约世纪"。1842 年之后，中国与世界各国，陆续签订了 1 100 多个条约，其中大部分都被中国人称为"不平等条约"，而中国近代史的基本脉络亦由此展开。

静海寺条约陈列室的第一块展板上如是写道："不平等条约就像一条条屈辱的绳索，使得中国的政治、军事被控制……是近代中国贫穷衰弱的一个重要原因……已成为近代史开端的象征。"从一统垂裳的中华帝国，转而成为列国并立之中被欺侮的小国，这即是梁任公说的"三千年未有之变局"，此后的中国，不断在冲击—反应中，跌跌撞撞地开始了近代化进程，并被拖进了全球化的漩涡之中。

频繁展示的伤疤

静海寺之于中国的意义可以有多重解析。香港回归之际，静海寺举行了规模盛大的典礼，敲钟 155 下，敲钟者为林则徐六世孙林纲、邓廷桢六世孙邓源。此后每年的元旦跨年之夜，静海寺都会举办"勿忘国耻，爱我中华"的敲钟大典。最近几年又因为"海上丝绸之路"的原因，再次进入人们的视野。从议约割地到"一带一路"，过去的170年里，静海寺就是中国的一个展示伤口与哀痛的伤疤，现在似乎痊愈了。

条约陈列室的最后一块展板说："屈辱历史，不堪回首……而不平等条约的废除，也展现了中国人民不屈不挠，独立自强的奋斗精神。知耻近乎勇。"一头一尾的两句话，建构了中国对于过去170年历史的基本态度。一方面是屈辱的民族危亡，一方面是荣耀的民族独立，中国近代史是一部受尽屈辱折磨的惨痛历史，也是民族主义崛起的历史。

知耻近乎勇，是中国人常说的一句话。可是，知耻近乎勇，"勇"不仅仅是勇敢之意，"知耻"才能勇于否定自己、勇于改过。仅仅只是"知耻"，还算不得勇，只是"知"而已。次之，"耻"是一种个体感受，孔子说"好学近乎知，力行近乎仁，知耻近乎勇"。如果把"耻"这种个体感受推到一个建构的群体概念"国"之上，那就很难避免悲情的道德叙述了，并陷入到简单的符号化想象当中。

最近读王栋教授的《中国的不平等条约：国耻与民族历

史叙述》一书，作者梳理了不平等条约的起源流变后，敏锐地发现了从大革命时期到抗日战争时期，国共两方对"不平等条约"的阐释与宣传，是两党树立自身的政党合法性和革命性的主要方式。这也主导了两方此后几十年的正统历史陈述。"中华民族"在维护独立自主、国家统一和民族认同上，不平等条约是一个核心议题。换句话说，过去的中国近代史，是建立在国耻叙述上的。

中国的精英分子，在长达百年的时间里，对鸦片战争的失败，以及此后中国一系列的失败，都将其原因锁定为外部侵略，未曾或者很少检视中国自身的文化及政治架构的失败。这当然并不是否认中国精英分子自身的努力，而是他们建构的这套解释体系其解释能力非常有限。与中国境况相似的日本，同样是被坚船利炮打开国门，但日本的明治维新，使得其迅速崛起为一个东方大国，而且并未因此丧失，反而是重建了民族性。

如果从自身的近代化转型去看"条约世纪"时，也不能否认中国在因应过程中的进步。世界范围的近代化都不是一个简单的你攻击、我还手的丛林逻辑。从近代化的角度看，国门被打开的过程，是一个进入全球化的过程。那些抨击西方中心主义的人，并不能为不可避免的全球化提供解决方案。但是，从晚清到民初，中国本身对近代化的反应是积极的，"强国"是从同光时期到民初的共识，实现路径就是学习西方。

中国在 20 世纪八九十年代的改革开放，同样也是学习西方的过程。"建设文明强国"也是官民的共识，那么，把这 170 年放进一个较长的历史时期内考察，就会发现近代化、现代化其实是一以贯之的。

懵懂无知的签约

从中华上国的立场进入世界之初，清廷的官员们不过认为条约是羁縻蛮夷之法，甚至有人认为可以不必执行。当然，洋人的这些新名词、新概念，以及繁冗复杂的言辞，毫无涉外事务经验的清廷，半被诱迫，半是主动，几乎是在懵懂迷糊的状态下签订了《南京条约》，而且，为了大国的面子，条约中随处可见"大清皇帝恩准"这样的字样。清廷官员也有过不必遵照条约的私下动议。

1842 年 9 月 6 日道光皇帝批准条约后，清廷官员居然在律宗大寺静海寺里杀猪宰羊，款待英国各位官员，不论如何，这的确是清廷的奇耻大辱。但对英国人来说，这是海外贸易的一大里程碑，用巴麦尊伯爵（Lord Palmerston）的话来说是"毫无疑问，这一事件将开启人类文明的新纪元，它势必有助于强化英格兰的商业利益"。

可是，傲慢自大的清廷皇帝和官员，根本不知道英国的真实目的到底是什么。条约的签订过程平顺简单，连讨价还价也没有。他们也不知道大清王朝作为条约的一个缔约者，到底有什么利益，应该维护什么利益。这实在是知识上的硬伤。王栋在《中国的不平等条约：国耻与民族历史叙述》中，直接说的结论是："清政府对国际贸易和国际法几乎一窍不通，所以在谈判桌上甚至提不出明确的谈判目的。"

中国人当时并不十分清楚明白条约对中国的影响为何。英国商人在《天津条约》签订之后还在抱怨伦敦政府，说他们的谈判能力太差，因为《南京条约》仅开放了五口通商，对贸易来说，这远远不够。双方在条约期待上落差实在太大。这都是从自己的视角去认知世界所带来的矛盾。

可是，对中国来说，五口通商，几乎是对中国古老政治体制的一次巨大冲击。清廷设立的五口通商大臣（即南洋大臣），专司涉外贸易管理，与总理衙门一道，成为唐宋以来对中央政府六部制的一次最大的行政体制改革。总理衙门和南、北洋大臣署培养了中国的第一批外交人才。不夸张地说，南、北洋大臣署，开启了行政体制近代化的先河。

在后来的《辛丑条约》及后来一系列通商航海条约的签订中，清政府外交系统展现出来的上进与精明，与50年前已经是霄壤之别。以中国铁路总公司督办盛宣怀为核心骨干的谈判团，展现出的能力令洋人侧目。盛宣怀干练而富有商业头脑，给他们留下深刻印象。盛宣怀背后，则是同光中兴的核心人物，如张之洞、刘坤一、吕海寰等。

经过惊心动魄的洋务运动、同光中兴及维新运动后，清廷在磕磕绊绊当中摸到了进入世界的门径。比如清廷一直对领事裁判权（治外法权）颇有反对，但已经能够理解，外国人设置这一规则是因为中国法律还不足以公平公正地审理案件。张之洞曾询问英国代表团的马凯："假如我们修订法律之后，外国人是否一律接受中国法律的管辖？"

在得到肯定的答复后，张之洞强烈主张把这一条写进《马凯条约》的第十二款。原文有必要照录如下：

中国深欲整顿本国律例以期与各西国律例改同一律，英国允愿尽力协助，以成此举，一俟查悉中国律例情形及其审断办法及一切相关事宜皆臻完善，英国即允弃其治外法权。

这在"不平等条约"的历史上是非常罕见的。清政府改组总理衙门为外务部，完全按照西方的政府职能，建立了主管外交的中央政府机构，并大量投入人力，研究《国际法》与通商条例，并在所有的条约场合根据国际法为中国争取利益，努力避免过去条约中的吃亏行为。《马凯条约》议约时间长达八个月，几乎每一条都是清廷最后认为"不吃亏"才接受的。

与50年前相比，清廷在此时对条约的认可度大为提高，并向缔约的另一方表达了遵守条约的诚意。王栋在《中国的不平等条约：国耻与民族历史叙述》中，这样评价："即使当中方的倡议导致对己不利的后果时，他们也证明了自己愿意尊重谈判的结果。"可以说，在清廷签订《南京条约》此后的五六十年中，没有官员提出"不平等"，虽然那的确是"不平等"的。

"不平等条约"的起源

一直到 20 世纪 20 年代初，"不平等条约"这个词汇才正式出现在公众视野之中。第一个使用"不平等条约"这个词汇的人正是孙中山。虽然此前有类似的说法，但从未有过这个词汇所达到的宣传效果。1924 年 1 月 31 日国民党一大宣言中说：

> 一切不平等条约，如外人租借地、领事裁判权、外人管理关税权，以及外人在中国境内行使一切政治的权力，侵害中国主权者，皆当取消，重订双方平等互尊主权之条约。

共产党人中，毛泽东在 1925 年 10 月以后开始使用这个词汇，这个月，他刚刚接替汪精卫任国民党代理宣传部长，在为国民党草拟的《反奉战争宣传大纲》中，毛泽东提出九个口号，其中一个就是"取消不平等条约"。可以说，"不平等条约"这个词汇，最早是服务于国民党的反北方需要。直至逝世，孙中山在每个公开的场合都提出"取消不平等条约"。

这个词汇被使用时，同时也营造了一个悲伤、凄惨的气氛。比如孙中山把不平等条约比作"卖身契"，中国和中国人民，是被帝国主义联合中国国内的代理人即北洋军阀奴役的。相比清末公众对条约的认识，这时候，取消不平等条约具备了一种对抗、解放、反对的意味。国共两方在此后，即有意识地将这一口号运用到自身的宣传中。

清季对涉外条约的认知，基本存在于士大夫阶层，其着眼点还是"天朝的崩溃"，即过去的"天下体制"的瓦解，需要与"非藩属国"打交道，与普通百姓关系不大。而"取消不平等条约"的提出，则是在五四运动、新文化运动的背景下，无疑具有了全民救亡图存的意味。相比之下，中华民国北京政府则更专注于"修约"而非"废约"（见前文《弱国无外交：北洋政府外交的形成》）。因此南方革命政府与共产党的主张，无疑在公共舆论中强化了自身的道义立场以及革命性，乃至合法性。

举例而言，北洋政府单方面中止1865年《中比条约》，这本是中国涉外工作的一大胜利，但《向导周报》以阴谋论的腔调评论说："顾维钧在此次交涉中，态度非常暧昧，他本是帝国主义的走狗，直系军阀的雇仆，所以此次虽迫于民众之抗议而有宣布比约失效之举，但内幕中一定还有把戏。"把北洋政府的专业外交官污名化，从而指责"修约"为卖国，进而营造自身"更革命"的形象。

蒋中正在北伐初期，毫无妥协地宣称"中国人民绝不满足于修约"。北伐军在汉阳龟山刻下每个字四丈见方的一句"废除不平等条约"（内容引自 1926 年 12 月广州《国民日报》，我未曾见过此字，在网络搜索亦不得，望读者朋友有以教之）。诸如此类的行为，在北伐过程中随时可见，一直到定都南京。这种民族主义路线，就是国民党推翻北洋政府的最大原因。

语汇的魔力

"不平等条约"作为一个宣传口号，仿佛具备一种魔力。与此同时诞生的新名词很多，帝国主义、军阀主义、殖民主义、半殖民地等。这也与苏联革命的经验相关。国民党是苏联布尔什维克式的政党，关于世界革命、阶级斗争的学说此时也大行其道。列宁的世界革命学说其核心就是"赶走帝国主义，粉碎与其妥协的统治阶级"。这同样可以用在北伐上。

在整个北伐过程中，国民党极为重视宣传效果，攻城掠地后第一件事就是办报。与北洋政府对媒体的畏首畏尾相比，国民党的策略颇为成功。这当然也是国民党的优势之处，1900 年陈少白在香港办《中国日报》的时候，第一笔十万元就是孙中山给的。孙中山不仅是"国父"，并且还被称为"最伟大的主笔"。

国共两党对"不平等条约"及与之相配套的语汇系统，有一个在传媒上精心塑造的过程，通过舆论传播放大这些语汇的力量，对大众有种唤醒的功能，比如"亡国灭种""生死关头""抗战救亡"等。与清末及北洋时期相比，此时有大批的革命青年参与了这个形塑过程，例如抗战剧、小字报、油印传单等，这也都与 20 世纪二三十年代的大背景相关。

这些新诞生的概念简单而又直接，因而是一种有力的武器。对于革命家来说，只需要大众知道并且认可。一种关于耻辱的叙述就这样被建构出来了。（关于"概念"与传播这部分，受到武汉大学夏倩芳教授的启发，值得专文探讨）

一直到 1943 年废除租界，所有的外国条约特权取消时，国民党更是以"中华民族的解救者"自居，因为"彻底废除了不平等条约"，是"中国历史新的一页"。然而仅仅三年后，就因为与美国签订《中美新约》，陷入了共产党同样的话语反对中。因为后者依然认为这是一个"不平等条约"，是"卖国"。陕甘宁边区政府的声明说，这个条约"把中国从天上到地上全卖给了美国"。

1997 年香港回归，江泽民在香港会展中心宣布，"香港回归洗雪了香港被侵占的百年国耻"，而在台北，国民党当局则组织了声势浩大的从"南京条约到日本投降"的百年史料展览，意在彰显国民党对中华民族的贡献。如果我们再回到 20 世纪 20 年代的国共合作，就会发现，民族主义一直就是两党争相阐述的最重要的主题。

170 年过去，中国和世界都发生了翻天覆地的变化。单从经济总量看，中国已经成为世界上数一数二的大国。在我看来，中国在更加深入地融入世界的同时，国耻叙述面临着一个难题，如果囿于传统的国耻论述而无法超越，恐怕很难与那些曾经的敌人建立新型的关系，但想要超越，又何其难也。

参考书目：

王栋：《中国的不平等条约——国耻与民族历史叙述》，复旦大学出版社 2011 年版。

唐启华：《被"不平等条约"遮蔽的北洋修约史（1912-1928)》，社会科学文献出版社 2010 年版。

[日] 川岛真：《中国近代外交的形成》，北京大学出版社 2012 年版。

张育仁：《自由的历险——中国自由主义新闻思想史》，云南人民出版社 2002 年版。

本文原载于 2018 年 2 月"网易历史"

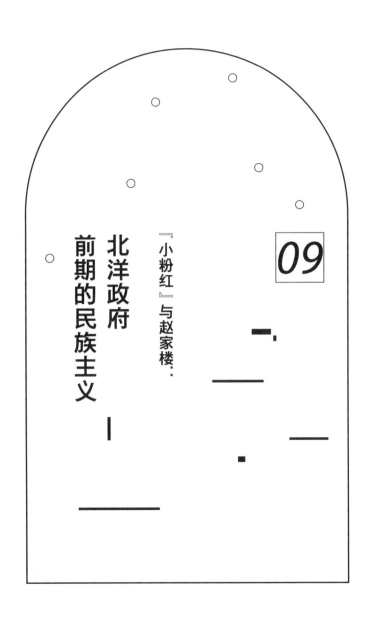

09

「小粉红」与赵家楼：

北洋政府前期的民族主义

北洋政府之所以败给南方的国民革命政府，正是因为革命与北伐，在意识形态上具备"统一"与"建国"的正当性。

从名闻京师的川菜馆子"四川办事处"后门，沿北总布胡同往北，左手第二条胡同便是前赵家楼胡同。一号院是北京军区司令部招待所，门前右首是一面黑色大理石的墙，镌金大字曰"赵家楼饭店"，底下是一块黑色铭牌："五四运动火烧赵家楼旧址"，并配有金色铭文。这个铭牌是 1984 年"五四运动"六十五周年时由北京市团委所立。饭店大堂及二楼餐厅，有若干五四运动老照片及讲解文字。

赵家楼，原本是明文渊阁大学士赵文肃之宅邸，因院内假山上有一间亭子，故称赵家楼。"五四运动"时，该处为钱能训内阁交通总长曹汝霖之宅邸。爱国学生们火烧赵家楼之时，该宅邸五十余间房子焚毁十余间。1949 年时，该院落已毁坍无存。20 世纪 80 年代，北京市档案馆发现了"曹汝霖宅第图"，才确定北京军区司令部招待所为赵家楼旧址。

白驹过隙，火烧赵家楼已是旧事，因其具备民族主义的天然正当性，很少被重新检视。"五四运动"也成为中国近现代史的分水岭。

火烧赵家楼

进入历史要进入巨细靡遗的细节才能见真章。火烧赵家楼，在历史课本上只是简单的一句话，但对当事者却是惊天动地的大事。曹汝霖在其回忆录里，有一章是说这件事的。5 月 4 日那天中午，总统徐世昌在家中宴请驻日公使章宗祥、国务总理钱能训，邀请时任交通总长的曹汝霖与察哈尔龙烟铁矿公司督办陆宗舆作陪。

饭时，承宣官进告大总统说，京师警察厅总监吴炳湘告，大学生千余已行进至天安门外，言和会失败，请惩曹陆诸位。即劝说赴宴人员为安全计，暂留在徐府不要出门。曹汝霖此时即告徐世昌，大意就是自己干得不好，既然惹出事，不如辞职。徐好言慰留，并让钱总理打电话给吴炳湘，解散学生即可。谁料在交涉过程中，学生反而越来越多，有近两千人集会。

中间吴炳湘来了几次电话表示很难，又说京畿卫戍司令段芝贵要出兵弹压。钱总理又转而电话告诫段芝贵不要出兵，但段表示，不出兵，依靠警视厅的警察，断断不能处理此事。然后吴炳湘又说，如果出兵，警察就撤了，出了事情由段芝贵负责。双方各执一词，钱能训夹在中间特别为难。

曹汝霖未理会吴炳湘的劝告，与章宗祥乘车回自己家。此时学生已向曹府挺进，三四十名警员来保护，但都是赤手空拳，唯一的办法用木板堵门。警员对曹说，奉命文明执法，所以连警棍都没带。说话间，一块大石头就飞进院子，差点砸中曹汝霖的父亲，幸好有婢女挺身而出，替曹父挨了一石头，正中背脊。然后曹和章就被下人保护进入地下锅炉房。

二十余名学生冲进来，先后到曹两个女儿及其太太的房间，一阵打砸抢，女儿的铁床，被拆了作为工具，翻箱倒柜，能砸的都砸了。然后进入曹父母的房间，打开柜子，不过是些燕窝银耳等滋补之物，一并扔在地上捣毁。曹父颇为心疼，即说，这些滋补药品，我自己还舍不得吃，送给你们都好，何必暴殄天物？学生来到汽车房，将车子砸得稀巴烂，取了几桶汽油，浇在客厅书房等处，顿时火光冲天。

从这个过程可以看出，北洋政府当时还是缺乏对待大规模群众集会的经验。京师警视厅面对千人规模的人群聚集，竟然毫无办法。章宗祥被学生围殴，身上伤60处，若不是日本人中江丑吉保护，恐已死于非命。（见刘柠著《中江丑吉：祖国的陌生人》）事后，总统徐世昌仅只给曹、章二人各五万元，用于养伤和盖房。但被曹、章二人婉言谢绝。

当然内阁总理最后还是守住政府底线，没有出动军队镇压，但学潮造成的后果，却已出乎当事人的研判。徐世昌、钱能训均视当日的事件为小事，事后几天都未曾提及。只有北大校长蔡元培写了篇小文章在报纸上，劝学生适可而止。这些人都未曾料到，当日集会、游行乃至火烧赵家楼的影响甚大，相当程度上形塑了近现代中国学生运动的基本形态。

喧嚣一时的反日运动

爱国学生与群众运动，是当时民族主义思潮最常见的表现形式。"五四运动"只不过是"二十一条"之后的一次大爆发。其间的发展脉络颇为明显，在 1915 年的时候，民族情绪通常是对外的，反帝反殖性质更强一些。经过四五年的酝酿，这些情绪转而针对本国政府的软弱。从抵制日货到火烧赵家楼，正是民族主义双刃剑的体现。惜乎北洋政府对此毫无察觉。

回到反日的细节，可以发现，北洋政府对于新出现的学生运动这一事物，仅以政令禁止。日本提出"二十一条"之后，留日学生最先行动，在东京集会，要求本国政府"死力拒绝，不可放松一步"。教育部电令留日学生不可退学归国，即便如此，仍然有四千学生退学。这种退学集体归国的风潮，在此后直至 1937 年全面战争爆发时，共有十余次，但毫无例外，每次都以再次赴日完成学业告终。

留学生的举动影响了国内的高校，以致教育部不得不命令所有学生不得干涉政治，但教育界依旧群情激愤。1915年 5 月 10 日，章士钊在《甲寅》杂志撰文，文末署日期为"五月九日即国耻纪念日"，"国耻"一词遂流行开来。5 月20 日江苏教育会通告全省，以 5 月 9 日为国耻纪念日，列入校历。嗣后，全国教育联合会通电全国，以 5 月 9 日为国耻纪念日。

北伐后，南京国民政府在 1930 年把该日列为国耻日，并在 1940 年把该纪念日与 7 月 7 日"抗战日"合并纪念。在长达 25 年的时间里，5 月 9 日是作为中国人痛苦不堪的民族记忆被铭记的，这是近代中国第一次把国耻写进教科书、编进日历的集体行动。民国大学生周寝昌上书教育部，请求编辑国耻读本、国耻唱本等。各地学校经常集结学生于文庙宣誓，以示不忘国耻。

而商界此时也掀起救国储金、排斥日货的行动，在各大城市声势浩大。但作者认为，整个 1915 年的反日行动雷声大而雨点小，盛于 3 月到 6 月，7 月即告衰落。当然原因有多种，袁氏称帝使得舆论重心回到国体问题，但更重要的则是反日只能停留在口头之上，抵制日货也不能持久。张謇一针见血地指出：抵制日货"必我有可以相当之物也，我而无斯物也。是所谓空言抵制"。

过去的十年里，中国的爱国青年曾主动被动地掀起多次反日运动，不乏网上征讨、抵制日货等多种方式。例如"血洗东京，活捉苍井空"，"开日本车等于卖国"等。与百年前相比，激烈程度自然不如，但结果都是一样无疾而终。

"小粉红"抵制日货的时候不妨碍他们用佳能和尼康相

机拍下来秀，砸车烧车无法抚平看不见钓鱼岛的深深痛苦，日本料理和成人映画也离不开，反日运动最终沦为笑柄。据媒体报道，2016 年春节，数十万中国人赴日旅游，消费千亿元。东京的确被中国人"占领"了，用超大号旅行箱和钱。

而所谓"国耻"很快沦为一个口号。杯箸上刻有国耻二字，而花酒照吃，舞台皆有国耻二字而粉戏照看，尤其是作为"国粹"的麻将牌，刻上国耻二字照打不误。这种廉价而近乎表演的民族情绪，从 1915 年至今的百年中，几乎没有太大变化。

但"二十一条"的确也让当时的中国人空前团结，第一次共同关心"中华民族"的命运。公共舆论开始营造国难当头的气氛，学界商界纷纷以各自不同的方式表达对民族危亡的关注。孕育新文化运动的舆论重镇《新青年》杂志即于是年创刊。

影响了"中国向何处去"

虽然北洋内阁变动频繁，有 46 任内阁，但外交上由几位专业外交家长期把持，保持了相对稳定的外交姿态。在我看来，"二十一条"之前，外交上几乎以亲日为基本路线。"二十一条"到巴黎和会之间，则是一个英美路线代替日本路线的准备期，但并不是反日。等到巴黎和会之后，才全然放弃了日本路线。这当然也与巴黎和会中的联美姿态使得日本内阁迁怒中国有关。

也就是在"二十一条"时期，留学英美的归国留学生增加。甲午之后的日本留学生，此时正占据北洋政府的高位，但显然他们的亲日路线在此时遭到了民众的严重质疑。而欧美归国的留学生，无疑在人才储备和外交资源上增加了政府外交战略转变的可能性。再加上此后段政府积极介入第一次世界大战，无疑密切了与欧洲诸大国的关系，尤其是联美策略，极为明显。

放弃"以日为师"的大方略，是与日本关系不断恶化的必然结果。这种恶化来自日本攫取在华利益的节节进逼，中国民族主义情绪对此的因应则是对日本的全然愤恨与厌弃。这一情况延续到巴黎和会。日方认为，陆征祥与外相内田康哉在日本约定不提及山东问题，和会开始则在"威尔逊十四点"的鼓励下提出，日方非常不理解中国的"背信弃义"。

唐启华先生的考察结果是，欧战后中国政府趋向于联美的外交战略，对日本至多是保持距离。陆氏启程之前，接到美方强烈讯号，遂有确立联美反日的策略的想法。陆氏在东京不过是敷衍而已，但的确也承诺了依据成约处理山东问题，在和会上不提。不过陆氏到了美国之后，急剧转而联美反日，并且否认与内田有过承诺，并试图消除档案痕迹。日方对此尤难理解。

北洋政府当时对陆这种含混不清、前后不一的态度表示强烈不满。但作为外交总长，一方面国内对亲日路线早就不满已久，改弦更张有其必要，而且面对美国释放的好意，也很难拒绝，尤其是美国的崛起已经是一个明显的事实。而美国，则是利用中国这几年的仇日情绪及外交路线的转变期，假手中国钳制日本在东亚的扩张。陆氏的抉择，很大程度上是无奈之举，联美制日，遂使中日免不了在东亚的对抗。

罗志田教授在《乱世潜流——民族主义与民国政治》中分析了"二十一条"时期的反日运动特征，其结论是，"二十一条"使得中国摒弃了以日为师的取向，对日本在华影响乃至在东亚地位的打击，潜在而深远。我以为，结合巴黎和会前后的中日关系，不得不说，日本对华政策从"二十一条"开始，就进入了一个积极筹划的新阶段，巴黎和会的意外，不过使日本下定了"复仇"的决心，此后直至 1931 年，日本在侵华的问题上，颇有自己的依据。

火烧赵家楼之后，外交上对日由保持距离的姿态转变为反日。对中国而言，这或许就是第一次世界大战与第二次世界大战之间的最重要的联系。当我们把细节放在一个更长的历史时期去考察时会发现，一件事的最终结果，也许要等到几十年之后才能显露出来，当时并不能贸然判断。"二十一条"到七七事变，内在的理路就是如此。

"二十一条"之后，民族主义情绪逐渐使得中国人形成一种把一切问题归诸帝国主义压迫的倾向，这也是"以俄为师"的共产党及"以美为师"的国民党两者在意识形态宣传中为数不多的共同点。此外，这两个政党在国家统一、国际地位及中华文化认同这三大主题上，也有较高程度的共同点。

当时北洋政府并未意识到，在排满革命以后的短短几年，民族主义思潮已经统率了中国，因为御外侮而起的救国、卫国、建国理念成为一种政治正确，任何政治力量只要稍加利用之，即可成事。北洋军阀当时在电报战中互相攻击之时，只要指责对方卖国，似乎就置自身于道德高地。罗志田教授分析说，"在政治运动中有意识地运用民族主义这一政治手法在五卅运动后日渐风行，南方尤长于此"。

民族主义的国家建构部分，是北洋政府的短板，其未能为民众提供一个民族主义的目标并实现之。某种程度上，北洋政府败给南方的国民党革命政府，正是因为革命与北伐，在意识形态上具备"统一"与"建国"的正当性，因而获得民众的认可，虽然这并不合法。这样使得南方革命政府无形中具备了"以有道伐无道"的精神力量，而北伐战争也成为民族主义对中国的一次全方位洗礼。

参考书目：

罗志田：《乱世潜流——民族主义与民国政治》，中国人民大学出版社 2013 年版。

[美] 里亚·格林菲尔德：《民族主义：走向现代的五条道路》，上海三联书店 2010 年版。

曹汝霖：《曹汝霖一生之回忆》，中国大百科全书出版社 2009 年版。

唐启华：《巴黎和会与中国外交》，社会科学文献出版社 2014 年版。

本文原载于 2016 年 2 月"腾讯·大家"

10

当和尚遇到枪……

抗日战争时期
的僧伽救国

中国佛教的现代化进程时期，也是南京国民政府自身摸索执政现代化的时期，在内忧外患之下，南京国民政府还要面对诸如宗教事务整理、社会团体管理等新问题的探索与尝试。

南京梅园新村纪念馆几乎是南京的招牌景点，距此往东一箭之遥的毗卢寺，却鲜有人知。在栖霞寺、鸡鸣寺、灵谷寺、宏觉寺等金陵名刹的对比下，这个位于市中心的小寺院占地既狭，名气又小，丝毫不会引起游人的注意。

毗卢寺始建于嘉靖年间，后经两江总督曾国荃领衔湘军诸将领捐资重建（两江总督署即在寺西数百米处），有万佛楼、毗卢殿等建筑，蔚为壮观。这座不起眼的丛林，却在中国佛教史上有着不同寻常的意义。1928 年 7 月 28 日，中国佛学会筹备处即设于此寺。

中国佛学会的筹立，在我看来是中国佛教因应中国的现代化进程的一大举措。教中代表人物如太虚大师、圆瑛大师以为，现代化僧团组织能够挽救中国佛教在民初的颓势，讵料事与愿违。20 世纪二三十年代，中国佛教为自身的现代化转型做了大量努力，然则成效不彰，殊为可叹。

陈金龙先生的《南京国民政府时期的政教关系——以佛教为中心的考察》一书（下称陈著），通过大量的政府档案及佛教内部资料，检视彼时的政教关系，得出南京国民政府对佛教任其自生自灭的结论。与之相对的，学愚先生则在《佛教、暴力与民族主义——抗日战争时期的中国佛教》一书（下称学著）中，认为佛教积极参与政治事务，得到南京国民政府的支持。

有趣的是，这两部著作均为作者的博士论文，同时出版于 2011 年。从研究对象看，时限上有前后继承之关系，陈著的时限为 1927—1937 年，而学著的时限则为 1937—1946 年，这两个时间段合计近 20 年，涵盖了国民政府的南京时期和陪都时期，差不多是国民党在中国大陆执政的主要时间段。

通过对两部著作的对比阅读，可知道南京国民政府对于佛教的基本态度为何，而这种态度又如何影响了中国佛教的现代化进程。而对南京国民政府而言，这一时期也是其自身摸索执政现代化的过程，在内忧外患之下，还要面对诸如宗教事务整理、社会团体管理等新问题的探索与尝试，真可谓"盲人瞎马，夜半深池"。

从倾颓到复兴

在许多非佛教徒的眼里，清末民初的中国佛教呈现出一派凋敝倾颓的样貌。僧伽大多以经忏佛事为业，不精义理，教规废弛，丛林衰败。以而学愚并不这样认为，他以为在清末民初恰恰出现了一股佛学研究的暗流，称为"复兴"略有夸大，但可以称为"觉醒"。不论如何，在清末民初的大变局中，作为中国文化的重要构成部分，过去封闭而守旧的佛教，需要自身变革，以适应这个时代——一个没有皇帝与臣民的新时代。

这个新时代对佛教来说，最重要的特征就是"政教分离"与"政教分立"。在中国皇权时代，佛教的兴衰与和政权的紧密程度呈正相关的关系，所谓"不依国主，则法事难立"。这是"三武一宗"的灭佛之举让中国佛教得到的惨痛教训。

可是，忽然民国了，国主是谁？佛教过去的"护国"，那是要护什么？旧的政教关系突然面临新的国体，需要调适。

与中华帝国相比，中华民国是一个向现代化过渡的政权，是一个新型现代民族国家，更是亚洲第一个民主政体。不论是前期的北洋政府，还是后期的南京国民政府，其目标均是实现民族国家的现代化。这一过程，也包含政府与人民关系的再调整，政府与教会关系的再调整。当然，在这个试探行为里，政府和佛教界都缺乏经验。

太虚大师早在 1912 年民国肇建之时就意识到，中国佛教需要革新。他在孙中山宣誓就职的两江总督府附近的毗卢寺，建立佛教协进会，并得到孙中山的支持，但孙中山很快变成北洋政府的敌人，毫无帮助。北洋政府在自身的焦头烂额之中，也很难拿出精力整理佛教。

此外，自 18 世纪中叶以来，天主教、基督教由于启示运动，对华传教日渐兴盛，中国境内的教堂、教会医院、教会学校遍地开花。北洋政府基于承继了相当多的对外条约，对基督教、天主教较为礼遇。更不要说传教士的医院、学校以及慈善工作被广为称道。而自太平军毁佛后（南京毗卢寺就在天王府隔壁），基督将军冯玉祥将河南境内的佛寺肆意损毁，庙产充军，30 余万僧侣流离失所。

还有，高层知识分子为建构中国之民族性，丧心病狂地向晚清及北洋政府建议立孔教为国教。光绪后期，许多寺院被改建为学校，即所谓"庙产兴学"运动。这一风潮延续到民国初年。据说寄禅大师（太虚、圆瑛的师父）赴北京交涉此事，却示寂于法源寺。庙产兴学进一步恶化了政教关系。

这些外部压力，使得佛教内部诞生了改革自身的动力。于是不论是居士还是僧侣，都纷纷办报刊，兴学校。办报刊是为了发出自身的声音，放大佛教对新社会的教化作用。兴学校一方面是为了抵制庙产兴学占用寺庙房产，另一方面，佛教自己的僧伽教育也需要现代化改革，过去的师徒单授方式已无法应对新形势下对人才的培养要求。

组织化转型的失败

民初至抗日战争之后的 30 年内，中国佛教内部始终有保守与革命两派的冲突。在寄禅大师圆寂后，太虚大师与圆瑛大师隐隐然有双峰并峙之势。在寄禅大师的纪念法会上，年仅 23 岁的太虚提出教制、教团、教理的三大革命，呼吁佛教徒改造"死鬼经忏"的佛教，建立奉献人生与社会的新佛教。具体的举措包括废除传统的子孙丛林传法制度，建立十方丛林新制，等等。

太虚大师是中国现代佛教的奠基人，其早年曾追随华山法师学习新学，接触革命思想，后在南京祇洹精舍读经，亦追随过苏曼殊学英文。他在辛亥革命前夕在广州与革命党人过从甚密，甚至被清廷通缉过，因而很容易把佛教与革命连接起来。后又去台湾、日本、欧洲等，深谙政治新格局与世界大势。他于1919年创办的《海潮音》杂志，是佛教革新派的基本阵地（该杂志至今仍在台湾地区发行）。

南京国民政府的班底多系广东革命党人，因而太虚与其中的佛教徒如戴季陶、吴忠信等人的特殊关系可堪利用。1927年、1928年太虚两次在宁波雪窦寺会晤蒋中正，提出建立中国佛教会的主张，得到蒋的支持。但从两部书中看来，这大概也是以蒋为核心的国民政府与佛教最密切的时候。

1928年6月23日，太虚随即致函内政部，提议国家制订宗教条例。就在次日，他与蒋中正同游汤山，游说佛教会事宜。蒋后来送给太虚300元赞助费以及七封致国府相关人士的介绍信。佛教会筹备处即在1928年7月设于毗卢寺，蒋还要求警备司令陈诚把该寺的驻军迁走。

而此时一部分僧侣则联合上海的一批著名居士，在佛教会成立事宜上百般刁难，坚持要把佛教会总部设于上海。这些人以圆瑛大师为中心，包括禅定和尚、可成和尚等。他们长期受丛林制度浸染，思想保守，对太虚的"人间佛教"嗤之以鼻。在行为上，以把持庙产及经忏佛事为重，对太虚的佛教革命并不支持。

最后折衷的意见是总部设于南京，总事务处设于上海。1931年佛教会改选，革新派获得胜利，将会所迁至南京办公。落选的上海居士唆使圆瑛大师辞职，发动江浙诸山抗缴会费，又在上海设立佛教会驻沪办事处，以架空南京的中国佛教会。太虚大师因此登报辞职，不再过问。

两派互相掣肘，导致佛教会连年空转，议而不决，决而不行，直至后来随政府迁至重庆后才有所好转。我以为，当时佛教的组织化尝试是失败的。中国佛教会在创办学院、改革僧伽制度、改革教法等方面，虽然有行动，但因为两派的恶斗而效果不彰。

在此过程中，南京国民政府是缺位的。我甚至怀疑，政府是乐见这样的矛盾的。因为蒋时而支持太虚，时而支持圆瑛。直至上海被日军占领后，圆瑛拒绝到渝就职，国民政府才转而明确支持革新派。这当然也与革命派标榜"僧伽救国""僧伽参军"有关。

僧伽如何救国

在学愚先生的书中，革新派的僧伽奋起救国，一方面是为改善外界对佛教的观感，对国家有所贡献；另一方面，这也是人间佛教精神在特殊时期的实践。为此，以太虚为首的革新派僧侣做了相当多的准备。包括理论准备及组织行动准备。毕竟对佛教来说，不杀生是根本大戒，与杀敌是截然对立的。

在杀与不杀之间求得圆融，只能从佛经中去找寻依据。太虚大师依据佛经认为，只要具备慈悲之心，为国为民杀敌伏魔，这都是佛事。"故说佛学之精神，与革命之精神，是贯通的。由动机上言，为人群谋利益，则同是慈悲心。有了慈悲心而为人群除痛苦、束缚，打破一切的障碍，即有奋不顾身之精神。"

在《瑜伽菩萨戒本》《瑜伽师地论》当中，他们找到很多依据，并得出结论：佛教没有完全禁止以暴易暴，消除邪恶正是获得善益的方法。这种理论被称为"一杀多生"，符合大乘菩萨心戒的慈悲精神。而大乘佛法在整体上就是"慈悲为本，方便为门"。其实，佛经谈以暴制暴的文本百中不过其一，这在本质上是一种断章取义的实用主义。

次之，太虚以及圆瑛同时认为，僧侣是现代国家的一分子，其身份认同首先是一个国家公民，其次才是僧侣。圆瑛认为，爱国主义是每个公民的应尽职责，他反复强调过出家僧人是中国公民，无法摆脱国家。震华法师说，僧侣作为公民受到国家的保护，所以有爱国护国的义务。

太虚也从佛教的"知恩报恩"角度解释说，佛教徒回报四恩，即父母恩，众生恩，国王恩，三宝恩。他说："国者，国家，王者，主权，国土主权所在，即为国王。"这就把佛教理论与现代主权国家理论联系在一起了。从而对"护国"有了新的解释，也把"卫教"与"护国"统一起来了。

在表面上，逻辑的确是通的。但在佛教中，佛法是要求佛教徒放弃国家观念，拥抱世界主义的。爱国主义与世界主义在这里是冲突的。太虚这样延伸解释：护国并不是单纯的防卫或抵抗侵略，这是积极在争取实现国家与国家之间的和睦相处，达到人民与人民之间的和平幸福。但是，广义的护国要以狭义的护国为基础，作为公民首先要保卫自己的国家。

不难看到，此时的中国佛教，至少是革新派僧侣，已经形成了"国家至上主义"的共识。除了在佛理上克服这种参与政治的障碍之外，也利用现代国家的主权观念、权利观念为自己做注脚。从中可以窥见，"出世"的佛教在积极调整自身与现代国家之间的关系。

在抗战军兴之前，在佛教会和中央训练部的组织下，僧伽们参加了各种军事、医疗、后勤等训练。在战时，有的上阵杀敌，有的做医疗救护，有的承担运输、丧葬等，有的从事宣传工作，甚至有的参与情报工作，为抗日战争做出巨大贡献，在当时就获得国民政府的高度赞扬。这在学愚著作中有相当翔实的描述。而这一部分，也是普通国人所不了解的历史。

2014年10月，我在河南安阳天宁寺内的法物流通处，看到一张名为《栖霞寺1937》的纪录片。片中详细讲述了南京栖霞寺的僧侣在1937年是如何抵抗侵略、参与难民救护的。但这些历史，长期以来，或许只有佛教内部人士知晓，主流历史学界对这块也极为忽视。

政府对佛教的放任

在这两部书中，我其实很难找到南京国民政府对于佛教的真正支持。作为一个现代政权，南京国民政府对社会组织的管理是极为严格的，虽然呼应佛教会及佛教徒整理教务的呼声，也制定了不少法律规章，看上去还算勤政，但总体来说，还是以严格限制为主，没有给太多的发展空间。

即便政府高层如林森、戴季陶、李济深、吴忠信、熊希龄、陈铭枢、蒋作宾等人笃信佛教，但整体而言，南京国民政府中，基督教信徒远远多于佛教徒。如蒋中正、冯玉祥、宋子文、孔祥熙、颜惠庆、王正廷、薛笃弼等人，基本都是基督徒。内政部长薛笃弼从不掩饰对基督教的偏爱，被称为"基督部长"。因此在政策上偏爱基督教远甚。

至于有头有脸的知识分子，如蔡元培、胡适等，对佛教的兴趣也很低。中央大学教授邰爽秋长年奔走游说，成立庙产兴学促进委员会，主张把全部寺庙收归国有，遣散僧尼。虽经佛教界多次抗议，政府依然听之任之。教育部及内政部制定的宗教政策，只针对汉传佛教和道教，不包括基督教、天主教、伊斯兰教以及藏传佛教。

但这不妨碍政府高层对佛教的利用。1931 年东北沦陷后，1932 年春，北京雍和宫里，戴季陶、李济深主持了规模盛大的密教金光明道场，被传媒痛批。由于科学主义的盛行，知识界和传媒界对于"经忏救国""法会救国"这些行为很是介意，认为劳而无功。这部分是批评以圆瑛为首的保守派。

太虚大师为了中国佛教的颜面，对外宣称国民政府五院院长（蒋中正、于右任、戴季陶、居正、孙科）和国民政府主席（林森）均为佛教徒，中国其实才是真正的佛教国家。但这一说法没有任何官方人士呼应。在解决西藏布达拉宫和札什伦布寺的矛盾中，太虚也积极游走，但无济于事。整体看，佛教徒的政治参与都是无疾而终的。

尽管两书中都可以找到南京国民政府支持佛教改革的佐证，但其实很难说政府到底支持哪一个派系或者扶植哪一个派系为主流。比如 1936 年，内政部支持革新派制定了佛教会改革草案，圆瑛找到段祺瑞，由段驰书蒋中正，并由蒋电陈立夫，令此事缓办。同时，再由上海名流屈文六、闻兰亭驰电戴季陶，并由戴致电中央党部缓办。

学愚先生认为这是战前国民政府支持保守派的佐证，但我从文本内容推测，更大的可能是，一则是蒋中正给段祺瑞面子；二则从中央党部的角度考虑，多一事不如少一事，此外，也是给太虚等人的革新派一点压力，使其在条例问题上不能操之过急。

不管是圆瑛还是太虚，都想当然地从表面认为政府对其是大力支持的，这种假象无非就是请高僧做几场法事，愿意在汤山别墅接见一下而已。即便太虚组织的僧伽训练班后来为抗战贡献不少，但他们的衣服、教材、交通、食宿费用都是自己筹集的，内政部和军委会也从来是百般刁难，没有明确的行动支持。这其中还有僧侣是亲国民党和亲共产党的微观因素，就不展开谈了。

宗教管理是南京国民政府面临的新问题，许多政策沿袭北洋政府而更为苛刻。这也是南京国民政府政权现代化过程中摸索的特征之一，宁紧勿松，宁严勿宽。我看了几个版本的寺庙管理条例，在有关佛教改革的立法中，极为粗疏，对于寺庙分类的定义，收归国有的条件都非常草率，执行起来，上下其手的空间非常大，但一遭遇抗议，立即修正出一个更弱化的版本，显示出立法上的不严肃和行政上的粗放。

总体看来，南京国民政府与汉传佛教的关系非常疏离，任其自生自灭。南京国民政府与佛教关系最为密切的时候就是 1928 年蒋与太虚的两次见面。陈著梳理了南京国民政府的政策变迁，呈现出学愚书中没有看到的历史事实和局限。从大的历史脉络来看，佛教与那个时代的现代政治之间的确是凿枘不合的，这才是佛教现代化遭遇挫折的最根本原因。

参考书目：

陈金龙：《南京国民政府时期的政教关系——以佛教为中心的考察》，中国社会科学出版社 2011 年版。

学愚：《佛教、暴力与民族主义——抗日战争时期的中国佛教》，中文大学出版社 2011 年版。

成庆：《政教关系的再塑——评学愚〈佛教、暴力与民族主义——抗日战争时期的中国佛教〉》，载于香港《二十一世纪》，2013 年 10 月号。

印顺：《太虚大师年谱》，中华书局 2011 年版。

明暘：《重订圆瑛大师年谱》，中华书局 2004 年版。

本文原载于 2015 年 11 月"腾讯·大家"

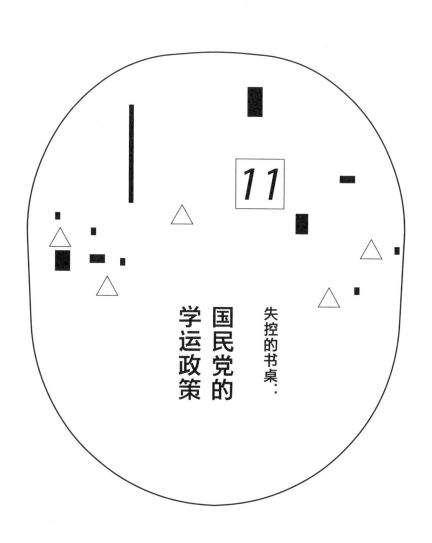

11

失控的书桌：

国民党的
学运政策

很难判断当时的南京国民政府对学生行为"去政治化"的努力到底对国家有益或者无益。但整体上看，对于青年参与政治的抑制，的确埋下了其失败的一粒种子。

　　我第一次去绍兴是 1999 年春天，正值"伤心桥下春波绿"，景致绝佳。人在绍兴，很难避开鲁迅和蔡元培故居。恰一年之前北大百年校庆，蔡元培被炒作了一轮，于是当地也将故居修葺一新。三进大院子，门首有两个字大字：翰林。我颇不以为然，因为蔡先生未必肯拿点翰林当回事。次年 5 月我在北京过黄金周，第一次去北大游玩，特地去看了校园内蔡元培的塑像。

　　其后好几年内，我又先后去了北京的东堂子胡同和上海华山路的蔡元培故居。再后来，我到香港工作，又专程去了香港仔华人永远坟场，瞻仰了蔡元培墓地。我还在做记者之时，参与过一篇报道，关于司徒雷登为什么不能迁葬于北大的内容。跟一个北大学生聊天，该人以为，连蔡先生都不能迁北大，更不要说司徒雷登了。蔡不能迁葬是有道理的，蔡元培时期的北大在沙滩，说这话当时还是国家文物局所在地呢。

我后来读《蔡孑民先生言行录》一书，有个小疑问，蔡自己讲"兼容并包，思想自由"，那会儿他是同盟会老人，在北洋政府治下做校长，当然是要开风气之先。等他自己做了南京国民政府的教育总长，情况又不一样了。在朝在野，几乎就是不同的两个人，两种态度。他压制学生组织和运动的劲头，不比杨荫榆差。

最近翻阅一本旧书，以南京国民政府时期的学生政策为考察对象，谈了国民党面对学生运动的困境与决策。作者黄坚立系新加坡国立大学历史系副教授，这部书名为《难展的双翼：中国国民党面对学生运动的困境与决策：1927～1949年》，系作者将博士论文改写而来。其中分析了国民党和以蔡元培为首的教育当局对于学运的两难，从中可窥见中国大学教育与政治的密切关系。

废除科举制之后，读书人从传统中国的"士"，转变为近代中国的"知识分子"，这其间最重要的一个标志就是知识分子对公共问题的关心。叶凯蒂认为西方观念甚至形塑了中国（主要是上海）知识分子的生活方式及观念（见叶凯蒂著，杨可译《上海·爱——名妓、知识分子和娱乐文化：1850-1910》）。虽然作者把学生"心忧天下"的传统上溯到汉代的王咸抗议，但本书英文序言作者王赓武依然认为这种精神来自西方的民主主义及民粹主义。

南京国民政府时期其实是一个特殊的时代，学生运动受到各种思潮及历史事件的影响，思潮包括自由主义、马克思主义、无政府主义、三民主义等。事件则更不必说，我们在历史书上看到的学生运动，多数都跟国家的生死存亡有关。而且，在一个形式上刚刚统一的国家里，教育当局与学生之间还需要一个互相摸索、了解的阶段，国民党面对学运的抑制政策，正是这种摸索。

最早提出对学运的抑制政策的人，一个是国民党元老戴季陶，一个就是蔡元培。他们均认为国难期间，学生当以学业为重。但是恰恰又因为是国难，学生无法自慰其心，才有了蒋南翔那句著名的话："偌大的华北，竟容不下一张安静的书桌！"

记得胡适讲过一个故事，一个化名为"将来杀你的人"在 1935 年华北事件时给他写信："向后你若再撕毁关于爱国的通告，准打断了你的腿，叫你成个拐狗！勿谓言之不预也！"我当年看到这封信时觉得好恐怖，学生居然能够如此对待自己的老师！而且是胡适！这也能够窥见胡适对于学运的保守态度。

当下我们很难讨论彼时的学运是"好"的或者"不好"的。或者说，很难判断当时的南京国民政府对学生行为"去政治化"的努力到底对国家有益或者无益。但整体上看，对于青年参与政治的抑制，的确埋下了失败的一粒种子。

戴季陶的病榻危言

自从五四运动之后，中国青年的参政热情大大高涨，尤其是巴黎和会的签字事件，让学生们以为自己对这个国家能够有实质上的影响力，因此在 20 世纪 20 年代几次学运中，如五卅事件、济南事件等，学生纷纷发起规模不小的活动。及至国民党北伐后，才有空检讨这些学生运动，其中第一个站出来的是国民党元老戴季陶。

1927 年 11 月 18 日，张发奎、黄琪翔叛变，戴季陶从广州逃出，11 月 25 日在上海接受采访时首次谈及学生运动，他对政治动乱导致学生学习不力深表忧虑，建议政府将教育和政治分隔开来，不再让学生卷入政治漩涡之中。在国民党利用群众运动统一中国时，这种声音显得很"非主流"。因为孙中山的三大政策让倾向群众运动的国民党左派在当时占据了主流声音，且宁汉双方在北伐期间都甚为支持学生运动。

南京国民政府对学运的控制非常有一套，它一边支持学生对"五四"、"五卅"的纪念活动，同时又禁止 1927 年 5 月的反日集会，显示出对学运工具性控制的一面。清党前后，从宏观政策上，在上海的西山会议派，左派集中的武汉国民政府，及南京国民政府都在不同程度上支持学运，因为在政争之时放弃任何形式的群众运动，都有损自身的合法性与正统。

共产党广州起义后，蒋中正对此非常愤怒。1927 年 12 月 14 日，蒋以军委主席身份发布命令，要求即刻停止一切群众运动，包括学生运动，直至政府另行制定相关政策为止。此后，大革命期间建立的学生组织，除了学术组织之外都解散了，而学生也被要求暂时禁止在学校之外进行活动。

当时的学生组织（主要是全国学联和各省学联），均为政治化的组织，模仿政党组织有自己的宣传部、组织部、农工部、妇女部等部门，校际、跨地的联络都很频密。广州起义后，戴季陶对学生参与政治很是焦虑，他把在中山大学做校长时的一系列演讲编缀成集，名为《青年之路》，加了一篇苦口婆心的前言，强调必须制定遏制学运的政府政策。戴季陶后来回忆说，这篇前言是在病榻中垂泪而写。

此后，他还给大学院（相当于高等教育部，当时高等教育体制采纳法国的大学院制，很快就取消了）呈递一份建议书，内中要求中小学生绝对不可以参与政治活动及组织，而大学生则可以个人名义参与。这份建议书后来得到大学院院长蔡元培的支持，后者在主持第一届全国教育大会（1928 年 5 月）时，曾与参会代表一致认为，应该明确划分学生与政治的关系。

大会形成两个文件，一是限制学生会活动，二是管束学生参与民众运动。在当时的高等教育界，这是初步的共识。在这两个文件中，学联被改为"学生自治会"，取消政治性的部门，改设只与学习、锻炼、娱乐有关的分支部门。而校际之间的联系则被要求切断。

但这一"去政治化"的政策并非一帆风顺，中间还受到中央党部陈果夫、丁惟汾及汪精卫派系的狙击。三个月后的国民党二届五中全会上，陈果夫对此极为不满，他希望国民党要争夺民众运动的主导权，比如组织严密强大的全国性学联，鼓励青年学生参与政治活动。青年运动议题遂成为国民党二届五中全会的一个单独议题。后来由于蒋中正与保守的胡汉民的联合，倾向学运的左派路线被遏制（蒋、胡、汪的三角关系，参见金以林著《国民党高层的派系斗争》，社会科学文献出版社 2009 年）。

反映戴季陶—蔡元培路线的遏制政策，在国民党主流派系支持下，1930 年终于形成一套具有法律性质的规章，对学联的改组也在这一年开始，这是学运政策中"禁"的一面。政策出台，不难想象遭到一些学校及学生团体的反对，甚至国民党内部也有人公开反对。

事与愿违，国民党正试图在大学中推行这一套政策时，九一八事变发生，随即发生大规模学潮，而面对这种天然政治正确的学运，当局于情于理都不能依法对这些活动做出处罚。事实上，依赖民族主义情绪对外施压，从五四运动开始，就已经是北洋政府和南京国民政府的惯用手段。对学生成立救国会等新的全国性组织的行为，国民党选择了一再默许。

正是在这次学潮期间的 10 月 17 日，国民党中央训练部公布了《学生自治会章程》，作为 1930 年规章的补充。这显示出国民党并不会因为形势原因而放弃管制，事实上其因应模式非常灵活。在一年多以后，当东北问题的民愤略有舒缓后，国民党进一步完善了学生组织的规定，比如只能在校内活动，除学术组织外，不允许市、省及全国学生组织存在，但在华北事变后，国民党又默许了一二·九运动。

政治教育的目的是"去政治化"

另一方面，南京国民政府自成立伊始，就非常注重政治教育，孙中山学说被树立为国民党政治哲学的基础，历届全会决议也是政治教育的依据。当时国民党内部称之为"党化教育"，但后来放弃使用该词。各种证据显示，当时国民党对于政治直接干预教育体系的做法是不赞成的。为了灌输执政党的价值观，只能在学校通过仪式型活动以及党义课程等。

这部分内容今天我们已经很熟悉。除了孙中山诞辰及忌日是法定假日外，尚有许多国民党元老级人物的忌日被列为纪念日。党义课程在中学是三民主义、建国大纲、建国方略以及五权宪法思想。这些课程的代课教师必须是经过理论培训的国民党员。高校除了这些，还有比较政治、宪政思想等，要特别强调以三民主义为代表的孙文学说，如何优于其他所有学说。

这套教育的效果不言而喻，中学生因为听不懂而觉得无聊，大学生因为听得懂而觉得没品。1931年的国民党第四次全国代表大会上，有代表认为把党义单独作为一门独立课程的做法是错误的——应该隐蔽地分散在其他课程中。这项建议被采纳后，党义课程被取消，但是在国文课里增加了孙中山的文章，历史课增加了"国父蒙难记"之类的故事，政治课增加了五权宪法思想。

国民党内部也有人提议直接在大学建立党支部，但是这种提议并未在党代会上被提出。直到1939年战事纷纭时，因为要与共产党争夺青年学生，国民党中央社会部不得不重提在学生团体中建立党小组的事宜。而国民党中央组织部也决心在大学中建立党支部，以便响应战时动员，但该项事宜进展缓慢，直至 1941 年年底，中组部宣称已经在学校建立 13 个区党部，434 个区分部，党员一万二千余名。

此外就是在校园设立训导处及推展导师制。读者诸君应该还记得《围城》里国立三闾大学的导师制，以下是赵辛楣的原话：

> 我们行的是经他改良，经部核准的计划。在牛津剑桥，每个学生有两个导师，一位学业导师，一位道德导师（Moral tutor）。他认为这不合教育原理，做先生的应当是"经师人师"，品学兼备，所以每人指定一个导师，就是本系的先生；这样，学问和道德可以融贯一气了。英国的道德导师是有名无实的；学生在街上闯祸给警察带走，他到警察局去保释，学生欠了店家的钱，还不出，他替他保证。我们这种导师责任大得多了，随时随地要调查，矫正，向当局报告学生的思想。

赵辛楣还在抱怨说一日三餐还要跟学生同桌吃饭，方鸿渐驳道："干脆跟学生同床睡觉得了！"可见，在当时，导师制就受到学院知识分子的无情嘲讽。值得注意的是"向当局报告学生的思想"，是最受教授们诟病的。

党化教育和导师制的效果可想而知。不论是学生还是教师，都对此怨言颇大。政治教育的目的，只是为了引导学生不要参与政治，这还真够分裂的。但是这一政策直至国民党退出大陆，也未做出调整，其中的一大理由就是以蒋为首的国民党中央，认为战后建设需要人才，因此学生应把学业置于首位。

当然，仅仅告诉大学生"不该做什么"还是不够的。除了"堵"的一面，也应该有"疏"的一面。黄埔系和CC系（Central Club，"中央俱乐部"的简称）秘密在校园培植亲国民党的学生活跃分子，就是这一面的体现，后来三民主义青年团建立后，公然在校园发展团员，为国民党输送青年干部。从作者的考察来看，即便学生参与了官方组织，仍然不意味着有渠道参与政治活动。

关于三青团的成立，以及其与力行社、复兴社的关系，此前有多种论著论及。但其成立之目的，绝非出自引导青年学生的政治参与。作者认为，三青团是国民党自我更新的工具，与派系斗争的关系极大。在三青团成立一年半之后，其学生团员占比不过 8%，大部分还是体制内的军、警、公、教人员。

三青团的部分我不打算详细讨论。一则是其与黄埔系、CC 系的政争有关，内中情况极为复杂。当时双方都在争夺对青年的支持，何况，当时许多青年纷纷西去延安，需要引导和争取（但事实上这点被发现时为时已晚）。

再则，三青团并非一个为青年学生的政治参与设立的组织。在其成立后与国民党曾有过明确分工，三青团侧重教育事务，政治活动完全交给国民党。三青团后来被认为是一个特务组织，这也是一种误解，蒋本人完全反对三青团涉足政治活动尤其秘密活动（这一点两岸均有学者有明确结论）。1939 年 7 月 19 日的三青团中央干事晚宴上，蒋发表演说称："我们更不能叫一般团员担任侦探调查工作……特种工作宁可专门训练一批人员……"

名不正则言不顺

对学运的抑制政策持续到抗战后，但该政策在南京国民政府的执政过程中是一以贯之的。其间虽有灵活的调适，也有出于对政治形势的妥协，主观意图上基本把学运视为有碍施政、有碍抗战的行为。在战时，由于国民党的大战略是"以空间换时间"，故而保持教育政策的一致、保证战后重建的人才储备，也非常重要，这是普通大众看不到的政治格局。

可惜的是，南京国民政府对学运的政策，建立在一个虚假的前提之下。从五四运动之后开始的各次学运，其偶发因素很大，很多学运受具体的政治事件而激发，跟是否有组织无关。即便有组织，也是在运动中或者运动后才建立，除了少数学潮，大部分学潮并非"有组织、有预谋、有不可告人的目的"，这套管理政策建立在一个误解或者错误假设之上。

国民党将这套法规视为一份重要的管制学运的"意旨宣言"（declaration of its intention）。这套法规也毫不含糊地宣明国民党遏制学生运动的意向和政策，换句话说，国民党重视这套法规的象征意义大于实际意义。

在我以为，这种高拿轻放的动作不仅与形格势禁相关，其根子还与国民党政权的威权性质有关。在管制学运的政策出台前后，国民党对其进行了严格的调查论证，经过两年的讨论才付诸行政立法程序。在没有成为行政条例之前，主管机关无法对学运这种大规模的人群聚集抗议行为作出有效反制。即便法规出台后，在整个南京国民政府时期，高校学生其实并未远离政治活动。

国民党二届五中全会时，国民党宣布军政时期结束，训政行将开始，这一整套顶层设计均来自孙中山的《建国大纲》。训政时期有《中华民国训政时期约法》约束，党政关系必须在法制体系下理顺，因此，不论是国民政府军事委员会、国民党中央党部、国民党中央政治会议，均须在明面上尊重约法，不能以党代政。同时，国民党是一个精英政党，并非全民党，虽然很多人认为"党即民众"，但党政分离的大政策，还是让国民党的统治显得很力不从心。

这一状态许多学者都有论述过，日本学者家近亮子很早就认为，国民党失去大陆，与其对政权的控制力度有关。1946 年的《党务报告提案》中提供的党员数字为近 70 万人，只占中国当时人口的 1.5%，对于一个统治 35 个省级区域的执政党来说，未免太少了。家近亮子考察了许多县级党部资料，1945 年前后，大部分县党部只有三到五人，乡、村几乎完全没有党组织。

国民党虽然在意识形态上能够自洽，但很明显与普通民众的连结更为松散。在政治竞争中，容易失去民众的支持。县党部只有三五个人，哪有什么时间做调研、作决策、联系群众？国民党没有人力走"群众路线"。战后着手行宪之时，国民党也曾发出指示说"到民众中去"，与民众共同生活，领导他们的政治社会生活，但已经时移势易。

从书中的例子看，学生与国民党的关系，并未如我们过去所认为的那样紧张。比如风靡一时的电视连续剧《北平无战事》里，有多次国民党北平党部处理学运的情节，但那都是戏说，做不得真。诚然有高压手段，但基本上还是以军警、特警现场阻拦为主，没有出现过正规军。

总的来说，学生团体与国民党的关系从未坏到使学生大量倒向共产党的地步。不过，绝大多数学生不是变得亲共，而是变得更加反对国民党。即便如此，大部分高校师生还是希望国民党能够进行政治改革。1946 年的民调也显示，七成民众希望停战和谈、接受联合政府。但国民党在战场上的失利终于导致一败涂地。

总之，1927 年至 1949 年，以国民党为核心的南京国民政府，在艰难地探索一条训政道路，也曾有过辉煌的"黄金十年"，但一切都被中日战争改变。在抗战八年过后，形势丕变，国民党自身的意识形态和威权性质又妨碍了其执政能力。从学运这个角度看，南京国民政府失去了知识分子及青年的支持，与其抑制青年参与政治有关，这其中自有其政治演进的必然。

参考书目：

黄坚立：《难展的双翼：中国国民党面对学生运动的困境与决策：1927~1949 年》，商务印书馆 2010 年版。

[日] 家近亮子著，王士花译：《蒋介石与南京国民政府》，社会科学文献出版社 2005 年版。

唐德刚 整理、翻译：《胡适口述自传》，安徽教育出版社 2005 年版。

蔡元培：《蔡子民先生言行录》，广西师范大学出版社 2005 年版。

本文原载于 2015 年 10 月"腾讯·大家"

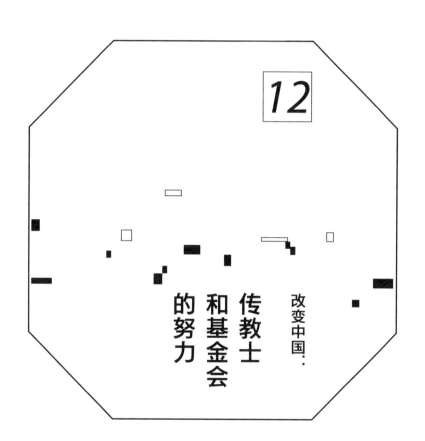

12

改变中国：
传教士
和基金会
的努力

洛克菲勒人相信，在外部给中国相当帮助，使其内部产生力量推动中国的改变，对世界最为有益。这种逻辑演进为美国应该承担起引导中国进入世界主流文明的责任。

　　北京王府井校尉胡同东侧，有一片巍峨壮观的中国宫殿式建筑群，主体均为飞檐庑顶中式宫殿样式，采用洋磨青砖墙面及绿色琉璃瓦铺顶。大门位于东单三条北侧，雕梁画栋，左右石狮蹲踞，望之气宇不凡。这就是建于 1915 年的北京协和医学院（Peking Union Medical College）。其实早在民国十年（1921 年）该建筑落成之时，即被市民称为"绿城（green city）"。

　　至 2015 年 9 月，恰逢其建校一百周年。遥想 1921 年 9 月 19 日，协和医学院落成典礼之时，来自全球的一百多位医学家和教育家济济一堂，蔚为壮观。当时中华民国总统徐世昌亲临典礼，此后协和医学院与中国上层及知识分子建立了良好的关系。在民国时期的二十多年间，协和医学院一直以"全球最好的医学院"自况，培养了大量西医学的人才，成为中国医学现代化、公共卫生现代化的最大策源地。其对中国的现代化、对中国人生命健康的贡献，怎么评价都不过分。

而协和医学院，却是美国洛克菲勒基金会一百多年来的全球最大单笔项目，总共耗资 4 500 万美元（实际购买力相当于 2010 年的 9.45 亿美元）。美国欧柏林大学教授马秋莎的新著《改变中国——洛克菲勒基金会在华百年》一书，详细讲述了这一过程。从协和医学院百年历史当中，我们可以看到，中国现代化过程之艰难险阻，远超时人之想象。中西文化在其间的激荡与冲突，塑造了当今中国的面貌，而以中国的体量及复杂，恐怕仍需百年之久。

科学主义及中国责任

在我们提到新文化运动的"民主与科学"时，经常说其受到"欧风美雨"之影响，"美雨"究竟为何？在我看来即是 20 世纪最初的十年，科学主义在美国的确立。在美国 19 世纪工业化的转型中，科学知识在其信仰体系中的地位逐渐重要，乃至拥有特权。至 20 世纪初，美国知识分子认为，科学不仅使得经济发展，而且可以治愈病痛，乃至是解决社会问题的理性手段。

这与美国现代医学的崛起并超越欧洲有关。以细菌学和病理学为代表的美国现代医学的崛起，是美国科学主义发展的重要内容，也是 19 世纪末期美国文化革命中最显著的成就。美国人把欧洲的"地中海医学"抛诸身后，又在法国的临床医学及德国的实验医学基础上，宣称建立了新的"科学医学"的标准，包括研究、临床教学结合、医学院等。

由于医学与普通人的关系极密，形成了完整的产业、研究、教学体系以及依托于此的中产阶层，因此在很大程度上，科学改变了美国的主流价值观。此外，非政府组织的基金会作为政府部门、私有经济部门之外的美国"第三部门"，是三足鼎立的政治社会结构的重要一足，几乎是美国现代医学取得进步的唯一赞助者，以医学事业为主要目标的洛克菲勒基金会居功至伟，也极大程度影响了美国现代慈善事业的思路。

在当时，以宗教狂热、种族优越和"天佑美国"为内容的世界观，让美国人认为对于世界尤其是美国以外的世界有一种使命感（calling），希望能以美国的标准改变世界——当然也包括中国这个东方大国。受进步主义、自由主义思潮影响的洛克菲勒基金会，自然把改造社会、改造世界这种乐观情绪带到自己的慈善事业中。

20 世纪初，美国的西进狂飙已经结束，在可见的美洲大陆，美国的新边疆已经确立，扩张主义对边疆运动结束以及国内有限市场的焦虑，使得美国人相信，中国在使得美国走向世界的过程中，具有不可替代的重要地位。这又与传教热情、对国际事务的参与、对改造世界的梦想有关，因此在20 世纪初的美国，对中国的想象变得具体，传教士明恩溥说：中国问题在很大程度上就是世界问题。

在这种思潮中，洛克菲勒人相信，在外部给中国相当帮助，使其内部产生力量推动中国的改变，对世界最为有益。这种逻辑演进为美国应该承担起引导中国进入世界主流文明的责任，而教育与科学则是帮助中国建立新文化的最有效途径。这种观点甚至影响了美国的外交政策——比如庚子赔款的处理。早在 1905 年，洛克菲勒基金会的管理者盖茨，已经在思考"什么是推动中国人福祉的最好方式？"这就是洛克菲勒基金会进入中国的背景。

20 世纪初的中国，第一批留学生已经回国多年，留美、留日蔚为风潮，士绅阶层开始从天朝上国的迷梦中醒来看世界，两次鸦片战争及中法、甲午战争，让中国废除科举后的新兴知识分子对自身文化产生了严重的不自信，进而要全盘改造更新之。"民主与科学"之东渐，正当其时。

全球最好的医学院

启动中国项目前，洛克菲勒基金会先后派出两个由顶尖医学家、教育家组成的考察团对中国考察两次，费时十年之久，撰写了大量具有说服力的报告。这些调查让洛克菲勒基金会相信，辛亥革命后是进入中国的最佳时机，中国政府及社会精英对西方的态度已经大为改观，而且中国对医疗有巨大需求，同时，这个项目又必须是非宗教性的。易言之，他们认为，以医学这种现代前沿科学，能够把西方思想及科学方法送到中国，并以此改变中国人的生活及思维方式。

当洛克菲勒基金会决定在中国以全球最高标准建立一所

医学院时，教会大学在中国已有二十余年历史，其中的佼佼者如圣约翰大学、金陵大学已经成就斐然，金陵大学还是唯一一所获得美国大学承认学分的 A 类高校。但基于对传教士医学及其宗教目的性的不认同，洛克菲勒基金会一开始就以全球最好的医学院——约翰·霍普金斯医学院为蓝本，建设北京协和医学院。

就当时中国教育现状而言，教会大学无疑是主力。在我的印象中，中国的教会大学，在建筑上更倾向采用中国古典建筑式样，比如燕京大学（燕园旧址）、金陵大学（南京鼓楼旧址）、辅仁大学（北京什刹海旧址）。我认为这是西方文明进入中国的一种应激反应，需要在形式上确立对中国文化的尊重，而且这些建筑均为西方人设计。反而是中国的官办大学如北京大学（沙滩旧址）、中央大学（南京四牌楼旧址），却是中国人设计的西式建筑。

北京协和医学院自然也是如此。这片与周边的紫禁城、王府毫无违和感的古典建筑群耗时六年建成，耗资巨大，几乎是预算的九倍，但却完成了洛克菲勒基金会主席雷蒙德·福斯代克的目标："让协和自然而和谐地融入一个正在演变的中国文化，而不是让人感到它是来自一个异己的文化。"这种对文化冲突的敏感性在后来的项目进展中无时无之。

以霍普金斯模式建立这所医学院是深思熟虑的结果，霍普金斯医学院是建立在科学与慈善精神之上，以"科学医学"为宗旨，拥有附属医院，要求学生具备本科学历，学制四年，在19世纪后期的美国，这是全美最高标准。但北京协和医学院则取法更高，更接近"美国医学教育之父"亚伯拉罕·费莱克斯纳的理想，还要避免霍普金斯医学院所犯过的错误，它将为中国乃至整个东方展示什么是真正的西方医学。

以英文授课、注重实验、临床的协和医学院（以及附属的协和医院及护校），在培养西医人才方面，自然是硕果累累。到"协和"被日军占领之前，有315名博士在此毕业，263名高级护士毕业。20世纪三四十年代，中国主要的大学医学院院长，均出自协和医学院。这些人绝大多数后来成为中国现代医学、医学教育和公共卫生领域的专家和领军人物，更不要说从各地来协和轮训的普通医生达2288名。

以当时中国的国力，无法承办一所如此高昂的医学院。1921年北洋政府给当时的国立北京大学医学院拨款21万元，而协和医学院当年预算则为140万元。其条件之优渥冠绝中国。《改变中国——洛克菲勒基金会在华百年》一书引述时为协和实习大夫的著名医学家吴英恺的回忆说："每日三餐伙食丰盛，下午四点和晚上十一点还有两次茶点，夏天供应冰激淋。"楼道里还有 24 小时电话服务员。这在当下的中国，恐怕也没有哪一所大学可以达到此标准。如果说协和当时是中国大学的楷模，恐怕并不为过。

不仅如此，西医从效果上也极大影响了中国的精英阶层。中国当时自最高领袖到普通知识分子，对协和医学院相当信任。孙中山 1925 年元旦到北京，即入住协和医院，梁启超先后九次到协和医院看病，蒋中正及宋美龄每年均到协和医院做定期体检，1949 年之后，协和医院仍然是代表中国最高水准的医院之一。这也是为什么在民国期间，西医替代了中医成为中国医学主流的原因。

当然，科学主义本身就是一种意识形态。在协和医学院成立的两年后，中国知识界爆发的科学玄学之争，即是这种意识形态确立的标志。以胡适、丁文江（这两人后来均为协和医学院校董会董事）为首的知识分子领袖，希望把西方的近代科学作为一种基本精神、态度和方法来改造中国，这与洛克菲勒的目标是不谋而合的。

从精英教育到公共卫生

　　协和医学院采取的精英主义教育，是其长期被诟病的原因，但是从总体目标来说，影响中国精英也的确是洛克菲勒基金会这一中国项目的既定目的。医疗总是跟大多数人的福祉相关，何况美国在此时早就开始了从治疗医学到预防医学的研究，协和当然不会自外于此。其实在协和医学院成立前后，由传教士发起的公共卫生运动在中国已经有了相当规模。

　　毕业于霍普金斯医学院、执教于协和医学院的兰安生，是中国医学教育史上第一个开设公共卫生学的教授。1918 年，全中国只有广州市设立了卫生局，政府几乎不提供任何公共卫生服务。兰安生走访了 18 个省中的 12 个，迫切感到培养中国公共卫生体系的重要性。后来他说服洛克菲勒基金会出资，送中国的卫生官员赴美进修，前后提供 75 份奖学金。

　　兰安生联合北京卫生局，在东城试点三级医疗保健网，1928 年当年，共进行了 78 870 次卫生检查，57 787 次治疗（主要是沙眼治疗），25660 次护士家访——这一片区只有不到 10 万人。在他的努力下，从 1926 年到 1928 年，共有 16 个城市设立了卫生局，覆盖了 700 万人口。三级医疗保健网，更是他远超时代的伟大实践，直到 20 世纪 60 年代末期，美国的医学院才开始仿效这种社区项目。

兰安生的中国学生陈志潜，后来被称为"中国公共卫生之父"，毕业后主持了著名的"定县实验"，历经四年建立了村、乡、县三级卫生网，基本解决了定县农村无医无药的困难。1934 年华北爆发霍乱，而定县只发生少数几例，无人死亡。当年，国民政府召开全国卫生会议，号召学习"定县经验"。1981 年陈志潜到菲律宾讲学，发现当地卫生站简易药箱中，正是当年他在定县时要求村保健员的药箱必备品，红药水、阿司匹林、甘汞片等。陈志潜的基层保健体系，早于世界推广社区保健几十年。

1928 年中国的人口死亡率高达千分之三十以上，而1957 年中国的死亡率是千分之十一。现代西方医学对于中国人的寿命延长，效果是非常显著的，这不能不说协和医学院居功至伟。

1928 年，信心满满的南京国民政府采取了一系列振兴中国农村的举措，在乡村建设方面投入大量人力物力，洛克菲勒基金会也另辟中国项目，包括农村教育、工业经济研究、农业研究、公共卫生等，赞助燕京大学、南开大学、协和医学院、金陵大学等校展开相关研究。

这个由洛克菲勒基金会资助的"甘恩计划"囊括了华北、华中、华东最好的大学，旨在推动中国的农村社会变革，包含乡村的经济发展、公共卫生、文化教育、社区管理等多个方面——这就是当时洛克菲勒基金会的"华北计划"。

洛克菲勒基金会为此投入的资金多达 100 万美元，几乎等于中国政府重建乡村工作的三分之一预算。洛克菲勒从早期的影响中国精英，调整到后期的影响中国农民的思路，表明了基金会对中国问题的更深入的理解，这也是其项目"本土化"的一个例证。与 19 世纪的传教士相比，慈善机构的中国努力，其效果简直有霄壤之别。

改变中国的雄心如何碰壁

协和医学院在洛克菲勒人的眼中，是皇冠上的明珠，用小约翰·戴维森·洛克菲勒的的话说，协和医学院是他的儿子，是他父亲的孙子。在 1951 年收归国有之前，协和医学院百分之百依赖基金会的支持。作为受到最多外国资助的机构，协和医学院很难不带有那个时代的中西冲突。

首先是慈善事业的动机，如果不对基督教精神有相当了解，很难理解那个时代的慈善行为以及洛克菲勒基金会的大手笔。其次是民族主义对于境外势力的挑战，尽管洛克菲勒基金会认为，协和医学院成功的标志就是中国人迅速接受"科学医学"，让基金会的重要性迅速消失，学校由中国人接手。再次就是，对于"境外势力"企图改变中国的过程中，中国人反应激烈，为这一过程增加了双方对不确定性的紧张。

在民族主义情绪高涨的民国时期，"中国化"是一个至关重要的问题。不仅仅是协和医学院，全中国的教会大学都面临这个问题。自五四运动以后，主权自立、收回教育主权，是彼时的主题。1927年北伐军攻占南京时，金陵大学五幢建筑被毁，副校长文怀恩宅邸被劫，其被流弹击中身亡。是年冬，陈裕光当选为校长，是第一个任教会大学校长的中国人，此后金陵大学校委均为中国人，其他各校差相仿佛。

南京国民政府1927年成立后，即宣告加强政府对教育之控制，并于1928年通过《私立学校规程》，严格禁止宗教教育，并要求中国人在校董中超过三分之二。金陵大学的牧师只能在半夜祷告，参加礼拜的人数日渐稀少。协和医学院虽然并非教会大学，但依然是境外势力的代表，南京政府在

1928 年竟然拒绝给当年毕业的协和学生颁发毕业证。

但较之教会大学，很难判断协和医学院的"中国化"是更难还是更容易。因为"中国化"本身就是洛克菲勒的目标，虽然与中国政府的"中国化"出自不同的动机。洛克菲勒评价"中国化"的标准是"财政自立"。但如前所述，不论是中国的官方还是民间捐赠，都无法维持这么一个昂贵的医学院。从财权上看，洛克菲勒基金会无法放手，中国官方可怜的拨款毫无意义。

协和医学院的中方管理教学人员在 1927 年猛增到 67%，1947 年增加到 100%，但协和还是一个"境外机构"。这与南京政府的勃勃野心格格不入——即便政府高层大部分都在协和看病。此外就是中文医学词汇不足以教学，协和无法完全放弃英文授课，这就意味着教学质量难以保证，到处都是这样的难题。洛克菲勒基金会终于认识到这样的教训：他们缺乏在一个不同文化环境中发展跨文化项目的经验。

中国政府以及民间对于境外机构的要求，使得这些机构很难不背离自己进入中国时改变中国的雄心，对协和医学院如此，对教会大学和其他非政府组织也是如此。很大程度上，他们都被中国改变了。

在《改变中国》中，作者马秋莎对协和医学院本身的着墨并不多，更多的是对洛克菲勒基金会的理念、内部运作、项目管理做了大量研究和评述。我以为在中国做慈善的朋友们，尤其是记者转行做慈善的，都该看看一个项目如何能够科学运作。

改变，何其难也

西方的传教士和基金会当年带着宗教、文化、技术上的优越感，可以在中国所向披靡无坚不摧。以协和医学院项目为例，执行方如果没有对美国的自信，恐怕不能令中国项目如此成功。如今，时移势易，恐怕更难了，中国已经有了自己的道路自信、制度自信、理论自信，姑且不谈其内涵，光在民族心理上已经行不通了。改变中国，何其难也！

时光荏苒，至今，科普作家方舟子还在推特上讨论中西医之争——这个一百年前就已有定论的话题，令我看到，过去一百年的努力对庞大复杂的中国影响微不足道的一面，也增加了我的悲观。

我与旅法的哲学家蔡崇国讨论这个话题时，他提醒我：

中国人的现代性如何形成的？五六十年代到现在的培养，中国人的现代性到底是什么状态？这的确是一个非常值得深思的话题。哈贝马斯说现代性是一项未竟的事业。民族国家这么多年的实践后，我们距离现代还有多远？

参考书目：

马秋莎：《改变中国——洛克菲勒基金会在华百年》，广西师范大学出版社 2013 年版。

熊月之、周武主编：《圣约翰大学史》，上海人民出版社 2007 年版。

张宪文主编：《金陵大学史》，南京大学出版社 2001 年版。

本文原载于 2015 年 10 月 "腾讯·大家"

带路党：

江南沦陷区
的
灰色生活

13

中国大部分沦陷，这样的事实谁也不能否认，那是我们非常重要的一段历史，不能因为我们曾经是俘虏、是奴隶、是战败者，就把那段历史与屈辱封存起来。

　　从南京大学广州路校门进去右转，经过南园 11 号宿舍楼往东，有一幢两层德式灰色小洋楼，青色洋砖立面配以白漆窗棂及栏杆，辅以红色瓦顶，掩映于绿荫丛中。建筑整体给人以肃穆、沉稳的感觉。我第一次看到这个建筑是在 2000 年，彼时这幢楼破败不堪，周围荒草杂生，人迹罕至，几乎是南大校内的危房。

　　2003 年，德国总统约翰内斯·劳访问南大之后，由西门子公司出资，这幢楼经过三年修缮，作为"拉贝与国际安全区纪念馆"对外开放。拉贝是 20 世纪 30 年代德国西门子公司驻华代表，他与十多位国际人士一起，在南京遭受日军进犯之际，发起建立 3.88 平方公里的国际安全区，最多时保护了 25 万难民。

《拉贝日记》中文版于 1997 年出版，记录了 1937 年 9 月到 1938 年 2 月的南京尤其是国际安全区内的情况。卜正民教授的《秩序的沦陷——抗战初期的江南五城》，其中一章即专谈"南京的共谋"，以国际安全区为考察对象之一，可以参照阅读。我以为在读完卜著之后，可以重读《拉贝日记》，一定对拉贝当时的两难情形有更多理解。

卜正民这本书著于 2005 年，其繁体中文版由林添贵先生翻译，书名为《通敌：二战中国的日本特务与地方菁英》，台湾远流出版公司于 2015 年 7 月出版，仅比大陆的简体中文版早三个月。我没有对比二者的区别，序言里并未提及是否有删节之处，但从书名看，显然简体中文版对中国人情绪的刺激更为克制一些。

这本书的分析对象是在日军占领江南之后，那些不得不与日军配合建立占领政权的中国人。在民族主义的分析语境下，这些人可以被称为汉奸、带路党，他们是为虎作伥的罪人。也正因为他们被贴上了这样的标签，因而不被重视与留意，很少有人能够进入到一个复杂的历史情境去考察这类人。小到崇明岛的一个乡村保长，大到南京伪国民政府的汪精卫，在作出通敌、合作这样的决定之时，到底基于什么样的理由？

遗憾的是，当时大部分中国普通人，既没有选择抵抗到底，也没有选择通敌，而是接受了占领政权的统治。尤其是站出来维护秩序的地方菁英，助纣为虐之外也帮助了占领区的同胞。如果不诉诸道德语言，如何去理解这样的行为？如何进入这片灰色的广阔地带？卜正民在《秩序的沦陷——抗战初期的江南五城》一书中小心翼翼地说："我希望读者能暂时放弃这一观点，即与日本人一起工作是一种犯罪行为。"在我看来，作为一个学者，这几乎是对市场的"冒犯"了。

无法评价的灰色行为

多年前负笈南雍之时，我经常去南大图书馆，在北门入口内侧，地面上有一块大理石与铜条镶嵌制作的金陵大学四字变体的校徽，比一张圆形餐桌还大。每次踏上这块校徽的时候，我都能想起，在南京最为凄惨的那三个月里，这幢建筑正是国际安全区的妇女难民营，穿越回去几十年，我似乎都能听到这里撕心裂肺的声音。

读严歌苓《金陵十三钗》，里面描述的环境我很熟悉，有如亲见，读来不免更为投入。小说情节是有所本的。卜正民书中描述的商人王承典，参与国际安全区的建立，从日本人那里为难民们拿粮食，甚至冒着危险，从日本人那里偷偷搬走了比答应的多得多的粮食，他甚至挑战日本人说"不爽你就杀了我"。假如，我们不知道他别的故事，差点就认为他是英雄了吧。

可是，他在魏特琳眼皮底下，从金陵女子学院为日军挑选年轻姑娘。这又是让人特别不齿甚至是愤怒的事情。但这件事在他那里可以这样解释：给日军送去一些姑娘，可以避免更多的妇女受害。听上去这种逻辑对不对？恐怕很多人都难以接受吧？

在安全区，往往就是这样一些与日本人合作的中国人，在维持日常的生活与秩序，他们有为虎作伥的一面，也有助人救难的一面，这就是一个人身上的不同面向，无法简单地用"汉奸"这个词囊括。

用卜正民的话说："当一个点头便能置人于死地或使一个人成为妓女，而一句恰当的话又可能使他们幸免于难，这是一种多么痛苦、多么难以应付的情势啊！"这种情势可以推而广之到战时的整个沦陷区。假如一个人不愿意追随政府西迁，也不愿意参军抗战，而就是想在原地不那么危险地过日子，行不行？某种程度上说，在那个时代，大部分人的选择也就是如此。

加入汪伪政权或者地方占领政权的那些人，很多人是基于现实的考量，尤其是公务员。很多人此前任职于北洋政府或者南京国民政府，因为没有西迁或者逃难，敌兵占领后，需要重建当地秩序，他们可能就是最容易被征召的人，面对枪口，那你干还是不干呢？尤其是，供给难民食物、恢复交通运输、建立安全防护措施等工作，这些活儿必须有人干，而日本人不会干。

那么，做这些事情的人，确保社会的再生产和维护难民的正常生活——这种行为该如何评价？在卜正民看来，他们是典型的实用主义者，目的是重操生计，保护同胞。卜正民以同情的笔触说："没有人知道日本人的军事进攻将持续多久，甚至不知道日本人是留下来还是离开。"尤其是，在抗战初期，敌军节节胜利步步深入之时，局面显然有利于日本人，那么与新统治者合作的动机自然会增加。

在抵抗与通敌两个极端之间的合作行为，日本人称为"亲善、提携、合作"，在中国曾大面积发生，这个毋庸讳言。卜正民也拿欧洲的类似情况作为对比，为"合作主义（collaborationism）"作了准确的定义，但又指出了中国的特殊性，即中国民众对于频繁更换统治者几乎是无动于衷事不关己的心态。这种"城头变幻大王旗"的状态，是过去几千年中国人的常态。

意识形态的困境

日本侵华之际，在其国内弥漫着一种"东亚主义"的自大情结。作为亚洲唯一一个未被殖民又实现了工业化的"现代化"国家，许多日本人认为反对欧美国家对中国的殖民，首先就是推翻南京国民政府。北洋政府后期直至南京国民政府十年以来的亲美外交，让日本外交及军界人士对中国的外交路线颇为恼怒。

所谓"亚洲反殖主义"的主要观点就是，中日作为同文同种的黄种人，要共同反抗欧美白种人加诸中国及亚洲其他国家的殖民桎梏。"同文"即表示中日共享同一种文化渊源。

在很多日本人看来，在他们取得辉煌成就的今天，还要承认文化来源于积贫积弱的中国，这已经算很抬举中国人了，而且增加了日本自身的焦虑感。

现代化以来的日本，就是在不断抵制与反对这种"同文"观念。日本的近代化与现代化过程就是不断西化、不断脱亚入欧、不断远离排斥中国文化的过程。所以对日本人来说，拿这一点作为"帮助"中国的理由，实在是牵强附会了。尤其是在战争的情况下，"同文"、反殖并不能向中国人解释日本人何以侵华。

可是，在军国主义分子看来，侵华就是对欧美殖民的反制。中日战争在日方看来，就是要以日本对中国的殖民代替欧美对中国的殖民，中国不过是亚洲新兴国家日本挑战欧美的一个战场罢了，中国本身的原因并没有那么重要。这样以来，提携、亲善云云，不过是借口罢了，所以这种宣传毫无吸引力。侵略就是侵略。

这种意识形态使得日军在占领中国领土后建立的政权，毫无合法性与吸引力。虽然兴亚院早期做出的研判认为日本将获得中国人的认同。这基于以下理由，长城以内的中国中原地区，频繁遭遇外族入侵，蒙古人和满洲人对中原地区的侵占旷日持久，并最终为中国人所认同。而满洲人才刚刚离开，那么日本入侵中国后，假以时日，只要建设和安抚做好，最终也会为中国人认可——尤其还是"同文同种"的兄弟之邦。

可是当时，中国的民族主义思潮已经崛起，中国人自认中国应该是一个亚洲的大国，中华民族的塑造与认同已经完成。这样的想法的确是太刻舟求剑了。再说，中国现代民族主义的形塑，与日本关系非常密切，从甲午战争到"二十一条"，中国现代的民族主义，不就是日本在推动的吗？

这样暴戾的日本，在 20 世纪 30 年代，已经不是中国人的"同种"，也不是满洲人那样的"异族"，唯一的定性就是敌人。敌人是无法被认可的。我读《季鸾文存》的时候，张先生通常会用"暴日"这个词，可见当时连知识界都不会认可日本的说辞，遑论普通人。

高风险低回报的合作者

另外的困境则在于，由于侵华的全面化，日本军方并不打算为占领地付出任何财政成本，基层政权如自治会或政府的维持，均需要中国人自行筹组财政来源。伪政权认为自身的合法性只能来自于恢复经济和社会，保障难民生活，至少不能比南京国民政府的基层政权差。但一个需要外国军力支撑的政权，不论在经济上取得多大成就，都不能获得其合法性。

日军在占领过程中，一方面要摧毁中国人的抵抗能力，要摧毁基础设施和生产，一方面在占领之后又希望保护该地的经济能力和基础设施，这二者是矛盾的。合作者既要照顾日本人的利益，也要保护本地的生产，在其间也很难平衡。很多论者简单地认为这些人为日本人做事只是为了发家致富，可事实上，"汉奸们"不仅在道德上付出惨痛代价，在实际经济利益上，也同样付出惨痛代价。

对于参与其中的中国人来说，进入伪政权其实并非一件划算的事情，尤其还需要在道德上背负骂名，这使得参与成本增加而收益减少。只能用枪口下的无奈以及中国人特有的忍辱负重来解释。从人性的角度来看，合作是不是一件可以理解的行为？当然，会有人说，为什么有那么多人选择逃难或者参军？可是每个人的情况都不同。

卜正民在镇江的例子里分析当时的伪县长郭志诚，作为当地数一数二的企业主，为了维持占领后的生产秩序，他几乎是拿出企业的钱来维持镇江县级政权的运作，完全是吃力不讨好的举动，可他并不是那种没有钱逃跑的人。在历史档案中，完全看不出郭在这个职位上有任何利益，他的弟弟也被日本人抓进监狱，用利益驱动无法解释这种行为。

此外，由于国共两党都有游击队或者锄奸队针对这类基层政权的合作者进行暗杀，故而他们的生命时刻处在危险之中，日本人并不承诺保护他们的生命安全。上了年纪的读者或许还记得《烈火金刚》里的何大拿、何志武父子。卜正民写的正是这类乡绅或者头面人物。但在传统的叙事中，他们就是猥琐不堪、利欲熏心的汉奸形象。

革命的激情也许是不讲理性的。在卜正民举的另一个崇明县的例子里，游击队在 1940 年春天在公路埋雷，炸死日军 26 人，在随后的报复性扫荡当中，当地有三千人丧生，一万人的房屋被毁。而崇明县的伪县长不得不出面申明，扫荡行动毁掉了"良民"的生命与财产。

不管是这类暗杀，还是伪政权的维护，我们恐怕都很难从理性上去判断其价值是非。从主权的角度来看，基层伪政权的确危及中国主权，但在炮火硝烟之中，这种抽象的高级概念，与个体的温饱与安全相比，显然难以抉择。

灰色地带

大家也许记得电影《色戒》里的易先生，他就是一个伪政府的高官，可他过得并不快乐，因为不管是延安还是重庆，都想置他于死地。他时刻生活在恐慌之中，这种日子并不好过。在传统的叙事中，这样的人罪恶、怯懦而且堕落。可是，我们把他放进一段风月情浓中去理解，是不是发现，他不过就是一个普通人？

在过去形成的历史叙事传统中，抵抗树立了一种绝对的政治正确。卜正民分析说，"鉴于抵抗所承载的国家尊严是如此有分量，那么大多数中国人自然发现通敌是难以忍受的"。其实不止是中国，战后好多国家都发现，除了抵抗外，通敌与合作的确存在，这是一个绕不过的问题，因为与整个民族的尊严有关，也成为一个异常敏感的话题。

民族主义的家国情怀使得公众在面对合作者比如汪伪政权、伪满洲国之时，往往忽略了历史研究中相当多的可进入地带，历史的迷雾也因此而起。

卜正民的《秩序的沦陷——抗战初期的江南五城》，在我以为，与傅葆石那本《灰色上海》一样，掀开了中国人过去的隐痛。有时候我都不敢假设，假如没有太平洋战争，中日战争不知伊于胡底。而中国本部大部分沦陷，这样的事实谁也不能否认，那是我们非常重要的一段历史，不能因为我们曾经是俘虏、是奴隶、是战败者，就把那段历史与屈辱封存起来。

记得十年前，还有这样的说法，重庆国民政府和南京伪国民政府之间的默契在于，不论轴心国还是同盟国哪方胜利，"中华民国国民政府"都将进入战胜国序列。我以为这是中国人特有的一种左右逢源的鸡贼。假如这种论调能被认可，那么战时出现那么多合作者，有什么不能理解的？我曾请教过郭岱君教授，她坚定地说没有这回事。

卜正民教授非常有勇气地挑战了这个话题。作为一个加拿大人，他没有中国民族主义者的包袱，但他深知中国民族主义的禁忌何在。事实上，卜正民还有一本《民族的建构》值得一看。他这本书为我们开启了一扇隐秘的大门，就是如此，因为除了民族与国家的尺度，人，具体的人，也应该是我们评价历史的尺度。

参考书目：

［加］卜正民著，潘敏译：《秩序的沦陷——抗战初期的江南五城》，商务印书馆
2015 年版。

［德］约翰·拉贝：《拉贝日记》，江苏人民出版社 1997 年版。

张殿兴：《汪精卫附逆研究》，人民出版社 2008 年版。

陈鹏仁：《汪精卫降日密档》，联经出版公司 1999 年版。

［美］傅葆石著，张霖译：《灰色上海：中国文人的隐退、反抗与合作》，三联书
店 2012 年版。

本文原载于 2017 年 6 月"网易历史"

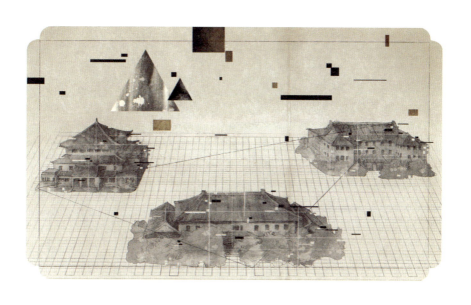

14

法西斯试验

蓝衣社·

且不说这些人对三民主义的理解为何，单就独尊三民主义，就已背离了三民主义。

　　位于南京中山东路 307 号的江苏会议中心建于 1931 年，初名励志社，由三幢三层古典宫殿式建筑呈品字形排列而成。励志社系著名建筑师关颂声、赵深设计，是 1928 年《首都规划》的一部分。在此后的 18 年里，不仅是国民党中央的文娱中心，也是南京国民政府的国家俱乐部，负责接待外宾，承办各种文娱活动。

　　1932 年 3 月 1 日，三民主义力行社即在此正式成立。对于这个组织的成立，当时的传媒未有任何报道，即便这个组织的领导人为南京国民政府军事委员会委员长蒋中正，它也没有在当时的南京政界引起一丝关注。这段历史后来才为人所知：民国期间大名鼎鼎的蓝衣社，正是力行社的外围组织。

在力行社存在的六年当中，很少有人知道其内部运作，但并不妨碍这个组织迅速崛起并成为与 CC 系、政学系鼎足而三的国民党三大派系之首。直至其结束，力行社社员也不过四五百人，均系国民政府的政治与军事精英。而它的外围组织——中华复兴社、三民主义青年团，则拥有数百万人。正是这些人，在短短的数年之内，在相当程度上改变了中国。

怎么改造烂摊子

蓝衣社并非一个准确的组织概念，而是复兴社与三青团的通称。这两个团体作为政治组织，在 1949 年后的政治审查中尤被严加重视。《蓝衣社》这本书的作者，也正是因此才将目光停留于此。这本书以时间为线，穿插讲述了蓝衣社七任书记的沉浮，以及蓝衣社六年的故事。

1931 年 12 月 15 日，因与粤系的矛盾无法调和，蒋介石宣布下野。次年 1 月 28 日，发生"一·二八事变"，为因应日本侵略，南京国民政府恢复成立军事委员会，以蒋为委员长。刚刚结束军阀混战、实现形式统一的南京国民政府，此时尚未为抵抗侵略做出有效果之准备。在很多西方著作里，抗战前十年被称为"黄金十年"，然就当时情形观之，南京国民政府面临的是一个凋敝不堪百废待举的烂摊子。

黄仁宇在《从大历史的角度看蒋介石日记》一书中一再强调，蒋所面临的中国社会，是一个无现代组织的前现代社会。这一历史阶段直至 1949 年也没有任何改变。黄仁宇认为这才是当时中国最核心最需要解决之问题。以是观之，在沉疴难起的 20 世纪 30 年代，任何天赋异秉的领导人，都很难对其有切实可行之改造。

从蒋的思想资源看，其集儒家信徒、基督徒、国家主义者、三民主义者于一身，乃是那个时代独有的现象。在北伐前，他已认定苏俄的道路并不适合中国，但中国往何处去，他并无有把握的答案。这一问题也困扰着当时的年轻人，三民主义名义上是一切革命建国理论的出发点，但显而易见，三民主义并未提供更多的方法给这些年轻的革命者。

各种思潮纷起，各自的拥趸在报刊上鼓吹自己的那一套，但实际上，却又是一个思潮的空窗期，因为没有一个主流思潮可以为革命者利用并发动民众。三民主义者内部尚且分崩离析派系林立，遑言外界。而救国图强之急迫，又不容许他们坐而论道。许多革命青年，虽然付诸很多实际行动，但也无法形成较为统一之力量。

蒋当时也未有成为中国之领袖的意图，胡汉民、汪精卫的元老地位，他显然还无法撼动。唯一的资本就是军事力量。自从北伐之后，黄埔系迅速崛起为中国政坛的一股新力量。如何让黄埔系主导改造社会、提振军力之作用，蒋并无切实之计划。但是，一个偶然的机会让他发现，他可以依靠黄埔系的军事力量，成为中国政治舞台的主角。这就是力行社的筹备。

党中之党

"九一八事变"后，力行社筹备处则已悄然成型。按照当时严格的社团组织规定，这个秘密组织显然是一个非法组织。早期的成员均是黄埔军校前四期的学生，有政工干部贺衷寒，有蒋介石侍从秘书邓文仪，有模范师长胡宗南，有留学生康泽。这些人对于南京政权的无能备感忧心却又不知如何改造，他们空有一腔热血。在几次秘密饭局后，达成的唯一共识是，抛弃国民党，成立一个新型的青年组织。

康泽曾留学苏俄，与邓小平、蒋经国是同学，他回国后任第二师政训处长，用《曾胡治兵语录》教兵，成为全军模范。可见，留学苏俄的康泽也不认同苏联治军的经验。《曾胡治兵语录》，是一个世纪前的产物，传统的治兵之道尚能成为模范，可见中国的军事理论准备此时与世界水平相差甚巨。黄埔军校七八年的新式经验，仍无法主导军队的政工培训。蒋本人也意识到这一点，遂以德为师，邀请德国人克瑞伯做军事顾问。

贺衷寒1921年被派往苏俄留学，并与张国焘等一同出席共产国际青年团代表会议，前后共七个月。在苏俄的所见所闻，对贺衷寒也有巨大刺激，西伯利亚铁路沿线数不清的乞丐和娼妓，让他认为，中国革命绝不能走苏俄的路。此外，与张国焘的私人矛盾，也让他对共产党极为失望。1924年他进入黄埔军校，并迅速成为其中的佼佼者。时人有谓：文有贺衷寒，武有胡宗南。

至于另一个后来加入力行社的刘健群，虽非黄埔军校毕业，却是力行社的理论构建人。刘健群发现，在闽赣交界的大山，青年学生和目不识丁的山民，纷纷加入朱毛红军队伍，是群众太愚昧，还是官逼民反？了解之后他得出结论，其实苏区的税负偏重于富户，而且宣传得力，故而反弹不是很大。他写了一本《改造国民党刍议》的小册子，其中认为，孙中山的三民主义，"有主义而无策略，有纲领而无方法……应以黑衫党、褐裳队为借鉴"。换而言之，他不仅要剥夺国民党的组织之壳，还有它的立党之意。

在溪口闲居的蒋中正，从邓文仪口中得知这个筹备处的存在，迅速秘密接见了他们。在连续几天的讨论后，力行社正式成立，其目的就是以统一之组织形式改造社会。贺衷寒曾说："五四运动所倡导的新文化运动，破坏了一切固有的文化，但对建立一个新的文化又毫无办法，没有张本。中国弄到目前国家不能统一，社会不安定，这班人要负重大责任。"他们的办法就是树立蒋的绝对权威，以抗战军兴为契机，逐渐蚕食国民政府权力，建立新型社会组织。

在力行社成立的当年5月，驻华的德国武官克瑞伯，在给希特勒的一封信中提及，"蒋介石对国家社会主义运动的发展，已表现出强烈的兴趣，他希望得到我们党组织的全部资料"。此后，力行社的创始人之一丰悌，在此背景下被任命为中国驻德国使馆武官。而丰悌在德国，也的确提供了较多资讯给蒋。

中国三民主义青年运动，与第三帝国的青年运动大约同时。美国记者威廉·夏伊勒（William L. Shirer）在《第三帝国的兴亡》中提及，在最初的两年，大约有三百万人加入了希特勒青年团，其中有 50 万少女，他们住进营房过起了集体生活，对自己生活在希特勒时代充满骄傲。凡此种种，使柏林奥运会期间的几万名外国游客充满了惊叹，也使对希特勒德国满怀敌意、异常轻蔑的美国记者不得不承认，"第三帝国的孩子们对他们的国家和自己充满信心。"

青年与中国复兴

在中国，复兴社和三民主义青年团主导了这场运动。以贺衷寒、刘健群为首的力行社首脑，其核心称为"十三太保"，也对中国的未来，尤其是在自己主导的青年运动后的中国未来，充满了信心和期待。

具体到做法，在刘健群的设计中，则是"管、教、养、卫"。首先以极为严格的户口制度控制人口，推行保甲连坐。这样对社会和人群的控制力就会空前增强。此外，以严格的领袖教育和严厉的新闻和出版审查为辅，全面控制思想领域，独尊三民主义。比如见领袖像敬礼，谈及领袖时肃立，将《三民主义》科目列入中小学课程，并禁绝一切异端言论。

且不说这些人对三民主义的理解为何，单就独尊三民主义，就已背离了三民主义。尽管早期他们一贫如洗，不纳妾、不跳舞、不赌博，过着极为严格的清教徒一样的生活，但一旦权力在手并且不断扩张之时，却无法延续早期的理想主义成分。比如，他们在武汉租界，用脏水或者具有腐蚀性的酸水倒在穿西装的人身上，因为要杜绝西化。

1934 年 2 月 19 日，新生活运动发起的当天，上海就查封了 100 多种书籍。因为思想要统一，数不胜数的报刊被停刊，出版社遭查封。威权主义的实现方式通常都是类似的。一个人在幼年时，必须加入蓝衣社的儿童组织，并在学校、所在儿童组织的监视下成长，倘若他聪明、出色并且对蓝衣社充满向往的话，那么他就能优先加入蓝衣社的预备组织，并以此感召其他学童积极向上。

因为蒋的行营设在南昌，在康泽领导的别动队的主导下，江西成为三民主义模范省。1932 年春天，以熊式辉设立的农村合作委员会为主管机关，江西合作运动逐次展开。以金融信贷为主要业务，截止到 1934 年年底，成就斐然。复兴社主导的新生活运动和文化建设运动，也逐次展开。

书中提到，"在瑞金、兴国等地，收容难民，发放贷款，派送种子。经过一年多的休养生息，1935 年秋，红军抵达陕北之际，集市、家禽与土货交易、耕牛贸易、土地贸易，又在瑞金重新出现。江西民间和过去相比，还富裕了些"。

蒋中正是很满意于江西的建设的。他多少有点将其变化归功于力行社的意味。"一个党、一个政府、一个领袖、一个主义"的思路，终于有了效果。而蒋的声望与权力，也在这些运动中与日俱增。同时，亦因为此，蒋得以顺利铺开他的战备计划。以给蒋祝寿为名的航空爱国运动，多少也增加了中国的军力。这些变化在辛亥革命以后的 20 年里，是颇令普通国人振奋的。

当时抗日之准备严重不足。国民政府内部迁就日本人挑衅已非一日，非不为也，盖不能也。蒋与汪在 20 世纪 30 年代前期对待日本的态度大体相同。概言之，蒋的中心思想是"拖以待变"，他从"九一八事变"以后，一再强调，中国的抗战是焦土抗战，除非日人占领每一寸华夏土地，否则中国绝不算输。他在日记中一再说，"国际上总有情况变化的时候"。在 20 世纪 30 年代前期，他已经意识到，要把中国抗日纳入到更宽阔的视野中看待。

这与国际上的战争惯例绝不相同。后来我们知道，即便首都失陷，中国仍不投降，一再迁都。大规模的抗战准备，其实从 1935 年后才开始。这本书告诉我们，全国民众的军事训练，正是蒋中正深为信任的蓝衣社完成的。后来抗战到后期，发起十万青年十万军的运动，也是以三青团为核心。

截止到 1937 年初春，据国民政府军事委员会国民军事教育处统计，全国共计有 500 万人参加了军事培训。这些培训全部交由复兴社和三青团完成。抗战爆发后，军事训练更加频繁。整个抗战时期，全国共征集军训壮丁 1 500 万人。邓文仪晚年回忆道，抗战期间，河南服兵役者二百余万人，与 1936 年复兴社在河南大量增加社员有关。

夭折的接班人

力行社的解散，与蒋介石的权力巩固极为密切。在西安事变中，南京力行社力主起兵勤王，遭致蒋夫人和宋子文的反对。蒋中正第二侍从室主任、军委会副秘书长陈布雷在其回忆录中曾经谈及此事。尤其是贺衷寒，他甚至一度被认为是蒋的接班人，居然在关键时刻，要置蒋于死地。这就是少不更事的坏处了。蒋之被囚，其中波折翻覆，非南京中枢所能想见，力行社的领导人们，更难以判断其间微妙之处，开罪于蒋，自是难免。

从更大的原因看来，力行社的先天不足在于，这种改造之办法，只可见效于一时。抗战军兴，情况愈加复杂，秘密组织与军委会、行政院的种种职权之间有着天然冲突，名不正言不顺。其次，蒋在利用其达到巩固地位之目的后，从体制上也无法向其他派系交代。裁撤力行社，将三青团体制化是其唯一出路。

从黄仁宇的观点出发，蒋介石意识到社会改造的复杂性和必要性，但他选择了一条更加快捷的道路，在斯时的中国，非此不足以整饬军备凝聚人心。以毛泽东为首之共产党人，将中国视之为一张白纸，可以翻天覆地地改造一切。那是因为他们在破坏这个旧世界之时，没有任何顾虑。后来发生的"资本主义改造""反右""文革"，无一不是这种尝试。而蒋在20世纪30年代中期，他未能完全掌控局势，却必须兼顾各方利益和遵从派系政治的约束。

作者最后指出："从此以后，与家庭、亲族和社群相比，主义、国家、政权成为更重大的话语符号，从此之后，联保主任、区长代替了乡绅和读书人，成为新的乡村领袖，无论他们多么粗俗蒙昧没有教养。农业中国彻底走向了她的尾声。"

参考书目：

丁三：《蓝衣社》，语文出版社 2010 年版。

本文原刊于 2010 年 4 月《上海书评》

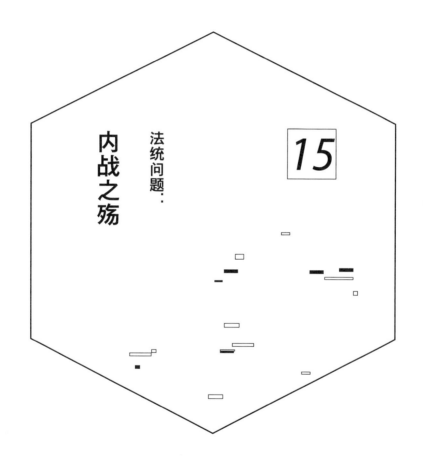

15

法统问题：

内战之殇

如何在国共内战结束 60 年之后，从这一历史事件中汲取新的价值，是当下最为重要的问题之一。

　　秋寒渐起，北京城一派喜气洋洋。逢九之年，例该大庆。天安门城楼业已修葺一新。如今的城楼与周遭景况，与 60 年前毛泽东宣布中华人民共和国成立之时相比，已颇为不同。广场外围的国家大剧院、公安部大楼，都是近年才竣工的大型建筑。想必沉睡于广场中央的毛泽东不会想到，其身后的中国会有如此巨变。

　　从高大敦实的苏式建筑过渡为玻璃钢结构的现代西式建筑，可窥见中国意识形态变迁之一斑。而作为共和国肇创者之一的毛泽东，颇为钟情中式传统建筑，他居住过的中南海、钓鱼台、双清别墅、西湖刘庄，都是典型的中国古典建筑。

但这并不影响他在早期让北京与莫斯科变得极为相似。

现代史上，中式建筑最为集中之地，当属南京。1928年的《首都规划》确立之后，南京国民政府的五院及各部会的办公大楼，大部分为名匠精心设计的传统建筑。这一风格延续到国民党到台湾之后。蒋中正对中国传统文化之心仪，也由此可见。台湾地区行政管理机构的办公大楼，与南京国民政府旧址之行政院大楼，几乎完全一致。

这种复制行为，可远溯至朱棣北迁。今日北京故宫之体例，即完全因袭南京故宫而来，只是规模过之。蒋中正去台湾之后，也曾经复制许多南京的建筑。与朱棣相比，其规模便远远不如。蒋故世之后，国民党为其修筑的中正纪念堂，与早年国民党在广州修筑的中山纪念堂，也颇为相似。

此种建筑传承，在国民党的政治仪式中极其重要，也是中国古已有之的政治传统。建筑作为"礼"之外化表现，有其严格秩序。国民党虽据台岛偏安一隅，仍以"正统"自居，"故宫博物院""中央研究院"等机构，逐次建设，只是规模略小。

在最近的十数年之中，每年五一和十一，孙中山的巨幅画像面北置于天安门广场之中，与城楼上的毛泽东画像相对而立。在中国礼仪中，南面与北面，其地位岂可以道里计。

这个代表着中国形象的巨大广场，一直是外界观察中国的指针之一。当孙中山的画像第一次取代列宁和斯大林之时，曾引起外国媒体的一致猜测。这算得上是 60 年来，最令人关注的变化之一。若将 60 年置于历史长河之中，不过为白驹过隙之一瞬，对当下之中国人而言，则又承载着无法言说的分量。

最是仓皇辞庙日

沧海桑田的变幻，很多时候系于一姓之兴亡与宗庙之变迁。从蒋介石下野到在台北复行视事，这期间的一年多时间，蒋经国是这样看的："民国三十八年，可以说是中华民族的危急存亡之秋，国运正如黑夜孤舟，在汪洋大海的狂风暴雨和惊涛骇浪中飘摇震荡。"台湾政治大学教授刘维开的著作《蒋介石的一九四九——从下野到复行视事》，正是集中观察及描绘这一年的作品。

1948 年 12 月 25 日，美国驻华大使司徒雷登拜见蒋介石，早前司徒雷登已经向马歇尔提出敦促蒋下野的建议。两人谈话无多，蒋介石已经明白美方的意图，甚至在谈话中也有倦怠之意。司徒雷登在自己的日记中写道，"1948 年的最后一个星期，对蒋来说，很难度过"。蒋于 1949 年 1 月 21 日正式隐退，因为他的下野是和谈条件之一。故而蒋在声明中说，"以冀弭战消兵，解人民倒悬于万一"。

当日下午，蒋介石到中山陵谒陵。他站在孙中山像之前默然无语。随后前往明故宫机场，拟定飞赴杭州。飞机在南京上空盘旋一周才离去。自 1927 年定都南京算起，中间除去抗战迁都重庆时间，蒋长居南京不过十余年而已。但南京是定鼎之处，服膺儒家的蒋，自然知道这就是"仓皇辞庙日"。

辞别孙中山，下来便是辞别故里。在溪口的数个月里，蒋牵头重修宗谱，交付中华书局以聚珍版付梓，他在安排军政大计的同时，频频拜望亲戚邻里。清明节又携全家祭扫祖坟。4 月 25 日，南京城破两天之后，蒋才离开溪口。蒋经国在日记里写道："溪口为祖宗墓庐所在，今一旦抛别，其沉痛心情，更非笔墨所能形容于万一。"辞别南京是为事君，辞别溪口是为事父，以儒家道德修身的蒋，焉不知这关节之重。

蒋在溪口居住之时，尚能与家人乐享天伦，至于普通百姓抛家弃子、颠沛流离之状，更非蒋所能尽见。龙应台的《大江大海一九四九》与刘维开的角度正好相反，描述了很多普通人的故事。在作别大陆之时，蒋之心情与普通人的心情绝对不同。每一种痛苦来临之时，都有不同的理解和记忆。

如今这种记忆，被深埋于历史的底稿深处。在一些特定情况下，人们总是会刻意记住某些东西，又刻意忘记某些东西。最近数年，有许多人在做民间个人史口述，就是对这种记忆的一种挖掘。

龙应台的这本书，选择从家族史到国族史的叙述逻辑，通过小人物的命运，试图展现国共内战的另外一种面目。作为战败者后代的龙应台，在这本书完成之后，在扉页上写道：向失败者致敬。等到书即将付印的前一刻，她冲进印刷厂，将这句话改成"向所有被时代践踏，侮辱，伤害的人致敬"。

这可以视作是她对国共之间成败的超越。也就是说，历史不在于褒贬成败，而在于展现事实，展现人性的悲欢与痛楚。林怀民在看完书稿后给龙应台发短信说："我要说的是，所有的亡魂都会站起来保佑你。"龙应台对这部书的期待是，"希望能让他们，在诗的意义上，入土为安"。

法统是个大问题

如何在国共内战结束 60 年之后，从这一历史事件中汲取新的价值，是当下最为重要的问题之一。不论是哪一方，都还没有真正意识到内战对整个民族的伤害。这不仅仅是"兄弟阋于墙"的事情。假如将当前的台湾问题视作"内战问题的延续"，那么从这一角度去看 60 周年，就会有新的意义。

不管是胜利者还是失败者，都坚定不移地认为"全国人民"和自己站在一起。阎锡山率国府大员迟至 12 月 8 日才从成都飞赴台北，而离开大陆最晚的南京国民政府要员，正是蒋中正。他 12 月 10 日才从成都登机。此时，解放军的炮声已经隐约可闻。

即便是国民党败退之后，这种强调也是无日无之。至今，在台湾的各种正式场合，都要悬挂孙中山画像，台湾今仍以民国纪年。一方面孙中山成为两岸共同的政治资源，一方面双方又都认为自己才是正统。职是之故，两岸问题中的一个重要分支就是"法统问题"。单就此点而言，倒与 60 年前极为相似。

天安门广场上的孙中山画像与现在国民党中央党部里悬挂的孙中山画像，其蓝本是一个版本。在台湾的中国国民党，则认为自己已经践行了孙中山的理念。这与蒋介石来台之时的规划，早已大为不同。

德国驻中华民国大使馆参议墨尔，在《蒋介石的功过——德使墨尔驻华回忆录》一书中说："孙逸仙英年早逝，未及说明将以何种方式，何种方法来实现其理念。蒋介石因此肩负一个世上尚无任何国家领袖能胜任之任务：将人口最多，幅员广大，有数千年历史传统，对西方文化完全陌生，分崩离析，内有军阀割据，外遭列强瓜分，形同半殖民地的中国，建设成现代化国家。"这当然是出于对蒋介石"理解之同情"。

蒋初到台湾之心情极为抑郁。他12月10日晚间到达台北，入住阳明山招待所。随后几天，西南战报传来，他夜夜辗转反侧，不能成眠。12月22日冬至夜，他梦见自己在新建未漆的楼梯上，心竭力衰而不能动。他在日记里写道："若此为预兆，前途艰危可知也。"年底他转到日月潭度假，心情稍微宽慰，称"在此重大失败之中亡命台湾，犹有自由生活，殊觉自慰"。

蒋站在日月潭观赏景致的同时，他带来的 200 万军民，却连歇脚的地方都没有，毋庸说"自由生活"了。就在 12 月 25 日的早晨，中学女教员叶嘉莹的丈夫在高雄被抓，他们的女儿只有 4 个月大。龙应台的母亲应美君，还在高雄海岸日夜等待自己的丈夫能够出现。14 岁的少年姜思章，刚刚被国民党军队从舟山群岛强行抓兵。

如何超越

一个甲子前的风云变幻，留给后人的政治遗产极为丰富。重新发掘内战的深层蕴义，正是我们回望 60 年的意义之所在。胜利者和失败者经历了这 60 年，不应该再从成王败寇的历史观去看待这一事件。只有超越这一窠臼，方能看到亿万生民的真正需要。一姓之兴亡，私也；生民之死生，公也。

其实，不仅仅只是一个追悼。仪式做给亡魂，但活着的人在看，"中国"不是两个字构成的，而是亿万民众的共同体。没有一个个独立的个体，国也无从谈起。而个体的苦难与幸福，则系于国家之兴衰成败。李敖在天安门城楼上写下"休戚与共"四字，不是没有深意的。这个国庆，不仅仅只是一场典礼和一个长假。除了现在，我们还需要未来。

于右任先生晚年写《怀念大陆》一诗中有四句："谁引熏风周大地，生民多难费安排。金马于今惊一世，河山何日得珠还？"正是"哀生民之多艰"的写照。古今同心，古今同理。龙应台的书里，每一个人都是一部活着的历史，谁也不能涂改和抹杀。

参考书目：

刘维开：《蒋介石的一九四九——从下野到复行视事》，时英出版社 2009 年版。

龙应台：《大江大海一九四九》，天下出版社 2009 年版。

本文原刊于 2009 年 10 月《上海书评》

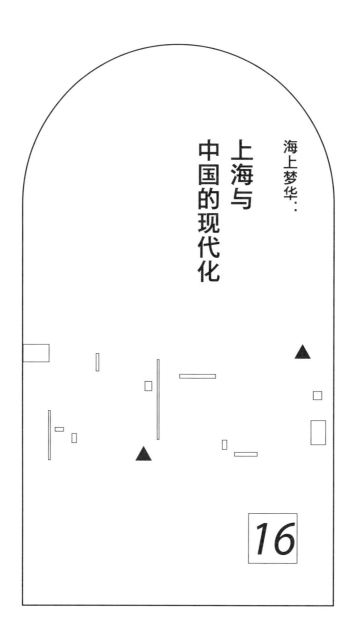

海上梦华：

上海与
中国的现代化

16

情趣、审美、消费的快乐，都在城市生活中被极大地满足了。

人的价值被大大彰显，人的意义开始变得重要。

上海外滩的海关大楼，是外滩"万国建筑博览会"中比较惹眼的一幢建筑，落成于 1927 年。正面四根希腊多立克式立柱，气势极为磅礴。正门底层天花板用马赛克拼成历代战舰图案，工艺精湛。海关大楼在 20 世纪 30 年代是上海的最高建筑物。

在其顶部安装的大钟楼，最早可追溯至 1893 年第三代海关大楼。现今的钟楼系 1927 年建成，完全复制于西敏寺的大钟，铸造后自伦敦海运至上海吊装。自 1928 年元旦零时后，每至一刻钟及整点，大钟演奏西敏寺钟声，一个多世纪以来不绝如缕。如今演奏录播的《东方红》乐曲。

若从 1893 年的大钟算起，上海海关可以说是中国第一个安装钟楼的建筑。在我看来，这座大钟正是中国进入现代化转型的重要标志。上海乃至中国从此进入了一个精准计时的时代。列车时刻，公交车，大学上课，工厂下班，戏院排班，商店开门，都在一个统一的时间秩序之下。

19 世纪下半叶的上海，正在形成一个颠覆古老中国的秩序。第一盏路灯，第一个抽水马桶，第一个现代商场，第一个现代银行，第一所教会大学，第一台汽车，第一份报纸，第一个消防站，甚至第一次模特大赛。从此，这个光怪陆离的城市，开启了中国的现代化进程，在过去的一个半世纪里，上海也一直是中国最现代化的城市。

飘扬在外滩的《东方红》报时乐曲时刻在提醒着上海，这座城市已经今非昔比。十里洋场时代的上海已然是枯黄的历史底稿，但却为今日之繁华上海留下难以磨灭的印记。叶凯蒂教授的《上海·爱》与叶文心教授的《上海繁华》是最近几年内写上海比较惊喜的两部著作，在我看来，这两部著作的核心就是上海以及中国的现代性。

洋场与洋化

最早来到上海的英国人，似乎要在这里复制一个新的伦敦，就像他们在香港做的那样。每天抵埠的轮船从欧洲带来各种各样中国原本并没有的东西，从厨房的香料、高脚杯到外滩的燃气路灯和柏油马路。洋人们像租了一个毛坯房，全部用进口的豪华材料装修，一切都是新的。

一座按照欧洲模式建立的现代都市在黄浦江边崛起了。新式的大学与银行出现了，期刊和报纸出现了，公交车和轮渡船出现了，会计事务所和律师事务所出现了。地产中介、婚姻中介、翻译买办等依赖信息壁垒谋生的行业不断涌现，已经无法用士农工商这样粗疏的分类去定位这座城市里忙碌的人群。

和内地城市相比，上海是一个中国人经验之外的地方。琳琅满目的商品摆在玻璃柜子里，大面积的商品海报贴在街边的墙上，炫目灯光照耀下的各种食品令人垂涎欲滴，而用刀叉切下去的一块牛肉居然还淌着血。洋人们坐着敞篷马车，挽着高髻深目的蓝眼睛女人在街市上穿梭而过，脚上的皮带凉鞋露出染着颜色的趾甲。

从南京秦淮河畔跑到上海租界的姑娘们，开始用一种新的方式谋生。她们的照片被刊登在报纸和杂志上，供那些欲火焚身的男性指指点点。放弃科举的小知识分子因为可以在报纸上连载白日梦一样的小说而暴得大名。从广州涌来的一批懂粤语以及洋泾浜英语的买办，轻轻松松可以去苏州捐一个小官职。一切都不一样了。

　　中国的士人，发现在"不为良相便为良医"之外，还可以去上海租界写时评，人生的道路一下子宽阔起来，而且这里的花花世界比起一个地方官署来，更新奇而刺激。晚清的小说《官场现形记》里就写过，去上海买机器的山东地方官沉溺于长三堂子不能自拔而弃官不做。

　　圆形尖顶的教堂，宽阔平坦的公园绿地，准时快捷的有轨电车，繁忙喧嚣的货运码头，鳞次栉比的高楼大厦，整洁安静的西式医院，威严庄重的工部局，这是一个新的空间，是用进口商品和外国建筑搭建起来的往高度上拓展的空间，城市功能和人的生活有更多想象的空间。

　　《围城》里的方鸿渐留洋回来，似乎只有上海能去。他宁可自己在外租房居住也不愿意和前来逃难的父母同居。这似乎显示出，在上海，个体正在完成对古老家族的逃离。大的企业都会给员工分配宿舍，年轻人从宗族的一份子变为经济独立的个体，"市民"的概念被广泛接受，宁波、苏州的农村与"大上海"成为对立的一方。

伴随着洋人的生活方式而建立的上海（至少是租界）秩序，对古老中国造成了巨大的视觉及精神冲击。但很多中国人立即发现，这是一种全新的生活方式，一种更符合人性的生活方式，一种更有安全保障的生活方式。情趣、审美、消费的快乐，都在城市生活中被极大地满足了。人的价值被大大彰显，人的意义开始变得重要。

这就是现代性的特征之一，意味着生活的舒适度和便捷度的不断提高。在另一维度上，也意味着权力和财富的重新分配。为什么上海被称为冒险家的乐园？就是因为这里的权力及财富的分配格局与中国内地决然不同。越早洞悉这里的规则，越早进入这样的城市生活，将在后来决定了很多人和家族的命运。

简言之，上海是座"西洋化"的东方城市。

女性与消费化

从来没有一个中国城市像上海那样，街头有那么多漂亮女人。这是 150 年来很多人在文字里留下的感受，历史的记载同样如此。这个中国第一次举办选美大赛的城市，在 19 世纪下半叶就已经直选美女了（见叶凯蒂著《上海·爱》）。最早是因为躲避太平天国的秦淮女子到沪，遇到了媒体、小知识分子以及舞台，使得她们从边缘进到中心。

小说《孽海花》以赛金花为原型，描述了一个完全能够融入西式生活、在欧洲上流社会谈笑风生的新女性形象。彩云的这个角色，从传统中国的闺阁中走出来，拥有了西方文化下的公共生活。在早期上海，女性这种公共生活限定在一定范围之内，叶凯蒂笔下的上海书寓，正是中国女性介入公共生活的开端。而真正引发所谓女性解放，是新文化运动之后。

在上海这座远东最时尚的城市里，女性逐渐成为一个消费符号。月份牌上和杂志封面上，都是这种新式女子。在讲究"大门不出二门不迈"闺阁纪律的中国，这种大规模公开展示女性形象的行为几乎是第一次。卷发、连衣裙、婚纱，这些舶来品迅速变成上海女性青睐的物品。宫廷里流行的那种"花盆底"的发型，被视为一种保守形象，而且并不美。

头油、雪花膏、唇彩、香水、护肤品、牙膏、沐浴露，进入各大商场的玻璃柜台，在大瓦数灯光下展示出神奇的功效。其实上海早在 150 年前就进入了看脸时代。美不仅是一种生活方式追求，也是一种价值追求。在巴黎和伦敦新发布的时装，短短两个月后就会进入上海，全球的著名服饰品牌都云集在南京路上。

商业发达的上海，为中国的女性解放提供了相当的支持。林立的商场与各类店面，提供了为数惊人的工作岗位，使得上海周边的青年女性不必再依赖父与夫，三从四德之类的传统教条也被打破。女性从传统家庭出走，在城市里寻求独立的生活，是中国新文学的一大主题，比如鲁迅的《伤逝》。

辛亥鼎革之后，普遍教育权的落实，让上海多出来很多女大学生，她们和电影明星、社交名媛一起，引领着上海乃至整个中国的时尚，并且是以人性解放的名义。宋美龄的结婚照登上了《时代》杂志，外交家顾维钧的太太黄慧兰的照片甚至登上了《VOGUE》杂志。这时候的花样更多，除了各种西式帽子之外，丝巾、眼镜、皮鞋、包包，女性服饰消费是上海商业领域中的大宗。

发达的媒体，把上海这种消费观念用美人做封面的画报传递到了内地。月份牌和美女成为上海的代言人，雪花膏的白铁盖子上、美丽牌香烟的烟盒上，甚至中药的包装纸上，也都是这种性感的勾人形象。商业领域默认女性的消费能力排名第一，至今，天猫商城的数据还在证明着这一点。

大幅照片和玻璃橱窗让上海产生了广告业。设计师和文案，共同在营造一种感官刺激和吸引力，略有色情意味的海报，激起了身体的欲望和占有欲，但当然最终还是要出售商品，一种"消费即幸福"的感觉被营造出来。当然，今天我们在晚上走过外滩和淮海路，也会有同样的感觉。

上海的商业化

我常常记得，小时候家里的工业用品基本都是上海制造。标准牌缝纫机、永久牌自行车、蝴蝶牌手表，甚至手电筒直接叫"上海牌"。我小时候对上海的想象，就是一排排冒着烟囱的大工厂，因为教科书里的上海是"新中国的工业基地"。在浦东建设之前，上海的确也是中国的工业重镇，但这并不是上海骨子里想做的那种，这个戏路不太对。

上海就应该是那种纸醉金迷花天酒地的消费型城市啊。新中国的上海，那是苏联化的上海。我的上海朋友跟我说，直到 1982 年上海宾馆建成之前，上海最高的楼还是 20 世纪 30 年代的国际饭店，可想而知，从 1949 年到 1982 年，上海的天际线是没有变化的。这是后话，略过不提。但不论如何，上海最初的定位不是这样子的。

在上海的商业资本从一开始就与传统中国的商业拉开了界限。传统中国里对商人有泛道德化的要求，认为成功的商人必然也是一个道德模范，是熟稔圣贤之书的。对一位商人的最高要求是，他得像一个读书人。而上海不是这样的。上海的买办必须具备某一种专业能力（比如外语）才能赚钱，易言之，这种职位有其专业性，不是人人皆可为之，更不是传统中国商业里那种低买高卖的逻辑。这种新商人阶层与传统儒商是截然不同的。

上海的新商业把金融家、制造业者、企业家、工程师、记者、翻译等不同职业拉到了同一个空间之内，并用新的方法解决人与人、人与信息、人与商品的之间的关系。许多人开始以翻译、经纪、中介为主业，信息壁垒被打破，各种资源得到更高效的配置，这才是上海构建一个新制度的基础。

1862 年，在上海怡和洋行工作的唐廷枢，出版了中国历史上第一本英汉辞典。随即，许多在上海工作的洋人和华人一起，编纂了相当多的报纸、杂志，来普及新的商业知识。从商不是过去晋商、徽商那样立地成商，从商有专业门槛，需要具备专业知识，需要通过学习去掌握这些知识才可以从商。于是出现了语言学校和商业专门学校，随后出现了商学院。

与此同时，商人们开始向政府表达这样的观点：商人的利益与国家的利益是一致的，国家为了自身的利益就要保护商人的利益。这种要求已经非常接近现代国家的国家责任，并且使得国家明确自身在经济活动中的角色。在一个重农抑商的国家里，能够让主政者意识到这一点，已经非常难得。

清政府于是成立商部，制定相关领域的法律，来因应国家转型过程中商业现代化的需求。民间的不断尝试，促使官方做出反应，进而改革。当然，政府也由此轻而易举地控制商业，甚至与民争利，比如成立相当规模的官督商办企业。盛宣怀系秀才出身，但因为督办轮船招商局等事有功，最后官拜邮传部大臣。

这一切都与一整套新的思维有关，即市场满足需求的思维，经济主义的思维。不仅如此，买办们迅速把这一套新思维和旧有的中国官场传统结合起来，即钱可以撬动权力。官场的关照自然少不了，甚至直接跑官买官的也大有人在。唐廷枢、郑观应，都是做买办（其实是职业经理人）发财，捐了一个补缺的道台。

有先例在前，江南的大家族也就不再孜孜以求把孩子送到南京科考，年轻人还有一个出路就是去上海学商。如果实在是贪恋功名，有了钱可以捐一个嘛。并且，这些人发现，中国的官场更喜欢他们。财富侵蚀了权力之后，让人们接受了"金钱就是权力"的观点，也消解了中国原有的商业领域中的伦理道德。

从商品到消费到生活方式，上海形成了非常发达的商业文化，缔造了中国现代性的源头之一，也开启了中国城市化的序幕。诚然，商业让城市更美好，但上海也被妖魔化为一个使人堕落的销金窟。在各种旧小说里都有非常细致的描述（比如《海上花列传》《九尾龟》）。有的年轻人，发妻在乡下，但在上海另结新欢，而回乡就像一场梦魇。

拥抱城市化的年轻人，如《围城》中方鸿渐这样的，在无锡乡下呆了两天，坚决要去上海。因为上海的小家庭可以对抗乡下的大家庭。在空间以及意识形态上，城市和乡村形成了尖锐的对立。城市的小家庭享受着城市的便利，个人创造力有发挥空间，而乡下则意味着生活的不方便，以及保守落后的观念。这些人共同建构了一个新上海人的群体，并发明出自身的身份认同。

中产阶级与上海梦

城市生活诞生了中国的第一批中产阶级。称一个人是典型中产阶级的一员，即意味着他相信通过自己的努力工作，可以过上自给自足的中上阶层生活，社会阶层会不断向上延伸，生活和大环境会越来越好等。这一套中产阶级价值观念即产生于近代上海。

20 世纪二三十年代，一个上海普通工人的薪资，足以养活含乡下父母在内的全家七八口人，假如上海的小家庭是双职工家庭，那简直就是令人艳羡的富裕阶层了。而要在城市讨生活，就必须得有专业知识，获取专业知识的唯一途径是上学。专业学校、夜校提供了这样的就学机会。江南农村的年轻人，则坚信这件事：通过对专业知识的学习，就可以在城市找到工作，就能安身立命，甚至光耀门楣。当时的上海梦就是如此。

年轻人从周边的江南各省乃至中原、岭南纷纷涌入上海，认为通过自己的努力，能够过上美好幸福的生活。月份牌上，一个标准的中产阶级家庭有两个孩子，一双猫狗，住在洋房里。他们可以在周末坐上黄包车去国泰戏院看戏，大人孩子都西装革履，然后去张园看当年的"网红"穿着白纱裙比赛放风筝。如果不是被鼎革中断，他们坚信这样的好日子是可以继续的。

中国人对知识的崇拜，过去是因为知识带来权力，即学而优则仕。在二三十年代的上海和其他口岸城市，对知识的崇拜，大都是因为知识带来金钱。新兴商业阶层几十年的努力使得人们相信，有专业知识是一个商人得以致富和成功的主要原因，知识是商业成败的关键因素，商业由此带动了教育、出版、新闻、影视等文化产业。

上海是全中国最发达的媒体基地，各个阵营的报纸如雨后春笋。国家的宏大叙事日益进入城市市民的日常生活，主笔们鼓吹国家的前途命运与个体责任有关。与商业领域的

"国货运动"相关，蓬勃的民族主义热潮也在城市形成，大学生们经常上街表达自己对国家前景的看法。知识分子则在报纸上写文章鼓吹自由主义和无政府主义。

其中一些人认为，上海是资本家的上海，并不是劳工的上海，应该成立工会去处理资本家和劳动者的关系。在上海这个地方，经济地位决定了一切。一些人认为财产才是决定个人社会身份及地位的唯一标准，人群被划分为无产阶级和资产阶级、小资产阶级等。资产阶级则是不道德的剥削者，很难成为社会公平的代言人，而无产阶级则具备诚实、勤奋等美德，反抗被赋予了一种道德上的正义。

在20世纪30年代中日冲突一触即发的背景下，他们告诉民众要争取整个民族的解放，就要放弃个体的自由，来追求一种集体的安全。中产阶级的进步主义论述遭遇到了民族议题和国家议题的挑战。同时，左翼知识分子认为资本主义经济的私有制度和市场法则并不足以解决中国的问题，应该由国家来代替小家庭和大家族，接管家庭的任务，照顾到个人和家庭的幸福。

20世纪30年代长期驻沪的日本同盟通讯社上海分社社长松本重治，曾著有《上海时代》一书，他眼中的上海，是个提前步入现代的中国都市。他说，在公共租界里，至少在表面已实行着现代的都市行政方式，数百万中国人受其荫泽。至今，上海仍被认为是中国行政效率较高的城市之一。西式的现代行政思维依然影响着主政者，也让这座城市形成中国最为典型最为发达的市民社会。人们严守人我之界，理性适应外部环境，恪守着大家公认的生活原则。

20 世纪 40 年代收回租界权之后，后来经过数次冲击，但今天仍可隐约感觉到此种城市性格。这已是上海最为重要的文化因子，潜移默化着新旧移民，在过去纷乱的红色工业年代里，维系着这座城市的根基。但是在一段时间里，上海以否定自身的过去为代价，去探索了一条工业化的路径，在相当长的时间里，放弃了自身"摩登"的特质。

某种角度来说，上海近 20 年的高速发展，其目的是再次构建一个中产阶级为主的社会组成模式。姑且不论其效果如何，但至少在表面上，这个城市完成了一次现代化转型。以 20 世纪 90 年代的浦东金融中心建设为旨归，上海试图让外界忘记她作为租界的荣耀与屈辱，从而在全球化背景下，开启一个新的上海时代。或许主政者认为，开埠 170 年以来，今日才是上海最为荣耀的时刻。

上海是善变而留不住记忆的，在过去的时间里，身经数变。从远东最重要的经济中心变为中国最重要的工业中心，上海脱下旗袍穿上了中山装。而在过去的 20 年里，上海的知识分子却努力重新发掘出上海的精神，从十里洋场里寻找上海最原始的气息，重塑了这个城市的认同。于是，霓虹再次闪烁，海上依旧繁华。

参考书目：

叶文心：《上海繁华：都会经济伦理与近代中国》，联经出版公司 2010 年版。

[美] 叶凯蒂：《上海·爱：名妓、知识分子和娱乐文化（1850—1910)》，三联书店 2012 年版。

[美] 傅葆石：《灰色上海：1937—1945，中国文人的隐退、反抗与合作》，三联书店 2012 年版。

[日] 松本重治：《上海时代》，上海书店 2005 年版。

本文原载于 2017 年 9 月"网易历史"

乡梦落关河：

连雅堂
与青山青史

17

即便学者黄季陆早就考证并指出连氏不可能是革命党人，但仍有人对连氏极尽溢美之词，奋不顾身地给连氏贴金。

西湖北岸的北山路葛岭路一带，我几乎每到必访，尤其坐在临湖的咖啡厅里，呆望着窗外孤山水云，惬意非常。2009 年春天的某个下午，我照例来到此处，突然发现北山路在过了香格里拉饭店之后悬有一块酱色的景区标志：连横纪念馆。连横即连战之祖父，号雅堂，《台湾通史》之作者，人皆知晓。只是为何他的纪念馆突然出现于西湖边上？

我迅速用手机搜索了一下：原来连横曾携妻在葛岭路的玛瑙寺短短住过几个月。这玛瑙寺想必大家都知道，张岱在《西湖梦寻》里就提到过，是西湖北岸的一大丛林，原寺早已被毁，仅剩几处遗迹。2006 年，连战到杭州访问。两年后，玛瑙寺被修葺一新，并增设连横纪念馆，成为湖滨一个新景点。

这我倒也不奇怪，因为我在西湖的那几天，听说湖北广水投资 1300 多万元重修了连舜宾的墓地。连舜宾就是欧阳修撰写的《连处士墓表》中的"连处士"，据说是连战的三十一代远祖。远祖尚且如此，祖父连横的西湖旧居岂能不大修特修？我想，一个人能光宗耀祖到宋代的，举世唯恐此例吧。

连横的传记，世所见者，咸推重林文月所著之《青山青史——连雅堂传》。林氏系连横之外孙女，此书最初写于 1977 年，是台湾近代中国出版社所组织编撰的《近代中国丛书——先贤先烈传记丛刊》中的一种。林氏曾言，这套书当时的读者对象，是以高中学生及社会青年为主，故而行文及篇幅均受一些限制云云。

2010 年春，林文月将修订本交付台湾有鹿出版社重新出版。据她说，"几乎每一页都有些修正增补"。目前大陆读者所看到的广西师范大学版《青山青史——连雅堂传》，即据此版本而来。我看的，也是这一个版本。

藏之名山

连横为大陆读者所知，当然与连战关系甚大。两岸势如冰火 60 年后，连战大陆之行开启了国共关系的新局，相关著作自然也就得以面世。不过，连横所著之《台湾通史》，商务印书馆在 1983 年就曾经出版过简体重排本，只不过印量颇少，亦未曾引起太多关注。

我手中的《台湾通史》(上下册)，是依据 1947 年的商务印书馆版影印的。这部书还有其他很多版本，台湾的众文图书公司曾把这部书列于《台湾文献丛刊》的第二辑，上海书店将其列于《民国丛书》第三编，台湾编译馆曾将其列入《中华丛书》。由此可见该书地位之隆。

至于连战大陆行之后大陆所出的该书简体重排本，则毋庸论矣。所谓母以子贵，祖以孙贵，亦在情理之间。早前大陆公开出版的关于台湾史的论著，均以大陆视角出之，亦即台湾史系中国史之一部分。连横此书，其叙述台湾之风土人物，以本土视角出之。

例言之，该书之《建国志》即以南明及延平郡王为正朔，及郑氏降清之后，才用大清纪年。《台湾通史》下止于光绪二十一年（1895 年）《马关条约》之签订。若再往下写，恐招日人之不满。该书历时十余年，凡六十万言，以太史公《史记》体例为之，亦可见连横对其"藏之名山传诸后世"的决心。

不过，不管是当时还是后世，学人对此书亦多所批评。1920 年本书在台湾印行之后，台湾学界即对此有过多次争议。比如批评者认为连横不通外文，无法阅读外文文献，仅依靠汉文记载。但是按照林文月的说法，连横学过俄语与日语。当今一些学者也认为，连横并未受过现代学术训练，是"文人著史"，非"史家著史"。李筱峰的批评尤其激烈，他直指此书"谬误百出"。

这些批评都有些过于苛求。林氏所著的《青山青史——连雅堂传》，走的是"以诗证史"的路子，引用了大量连横的诗作。从其诗作来看，连横无疑是一个传统文人。诗胜于文，文胜于史。其对于撰史的态度，并未如现代史家那般严谨。台湾学者黄富三就曾说过："比如说引文不注明出处，你说那个时候，中国人写东西哪有人会写注一是什么，注二是什么？"

但后世更多的争议倒还不在该书，而是：连雅堂到底是一个什么样的人？

落魄江湖载酒行

连氏的诗作遗世不少。林著称连横在 18 岁前，就手抄《杜少陵全集》，开启诗兴。我们在他的诗作里，也能看到他上袭少陵诗风，不论是内容还是风格，颇近少陵与放翁。这在不少诗句中能看出来。林著大体上是依据连横的诗作，从中分析传主的行为与心理活动。

连氏早年赴上海，入读圣约翰大学。作者称连氏时年"二十岁左右"，那么入读当在 1897 年。圣约翰是当时中国最好的大学，也是第一个被美国大学承认学分的大学。连横入读俄文，但又很快就辍学（葭案：熊月之编著之《圣约翰大学史》校友名单未有连氏之相关记载）。林著认为，连横读俄语的原因是，未来中国人需要跟俄国人打交道。辍学的原因是因为母亲催促其返台完婚。

完婚后，连氏并未回沪继续读书，而是进入日本人新创立的《台澎日报》，任汉文部主笔。这家报纸不久后改组为《台南新报》。1902 年，连氏还曾赴福建厦门捐得监生，然后参加福州乡试。不过，林著中没有提及纳捐科举之事。其子连震东后来解释说，他去福州是借考试调养身体。

其实很难解释为何连横会参加清廷乡试。从作者的叙述中看来，因为清廷割台，连氏对清廷之腐败极为不满。在我看来，连氏对台湾的认识当中，有一个始终无法自洽的矛盾：他一方面奉南明、延平郡王为正朔，不承认清廷统治台湾的合法性，在辛亥革命之后抨击满人窃夏窃国；一方面又极力赞扬以刘铭传、丘逢甲为代表的清廷对台湾的经营。他说，对开拓台湾功勋最高的两个人是陈永华和刘铭传。后来他游历南京时，在天王府曾写有"他年修国史，遗恨在湘军"的句子，可见他对清廷之态度。

连氏的通史终于《马关条约》。对清廷割地的评价，至今在台湾学界仍有不同声音。尤其是，此后短暂成立的"台湾民主国"，是一些倾向台独的学者研究之重点，以此来证明台湾与大陆联系是如何脆弱，并建立一种论述体系。不过，当时的"台湾民主国"曾给清廷电报说"台湾士民，义不服倭，愿为岛国，永戴圣清"，"事平之后，当再请命中国，作何办理"。所以连横对于这一段历史，很有些无法下笔之态。

在《台南新报》工作时，连氏开始学习日文。这恐怕是不得不为之的举动。盖因该报系日人投资，又以日文出版。不过此时已经能够看出他在国难之际的心情。他在《马江夜泛》中写道：横槊苍凉夜，艰危击楫秋。他经常以祖逖、稼轩相拟，颇有壮志未酬之心态。他在《鹭江报》写的《惜别吟诗集序》中说，"欲求国国之平等，先求君民之平等"，已初步反映出其反清之一面。

不过，至今未有连氏直接参与革命党活动的记载。林著也是以猜测的口吻，试图把连氏与革命党联系起来。林著说，"1900 年国父到台北，以一个报人的身份，定必消息灵通。他或许往来南北，与孙中山先生会面也未可知"。作为一部传记，以"想当然耳"的手法描述这样一件攸关大局的事件，显然是不大合适的。

1905 年，连氏赴福建创办《福建日日新闻》，鼓吹反清革命。按照连震东和林著的说法，同盟会派李竹痴（有的材料作林竹痴）到厦门，商议改该报为同盟会机关报。不过，当时同盟会的刊物已经有《中国日报》与《民报》，一在香港，一在日本，且当时同盟会在厦门尚无分部，以厦门的一张报纸做机关报，可信度不高。此外，连震东称，后来清廷向日人抗议，此报由是被封。

台湾作家陈柔缙引用连横朋友林申生的说法称：该报关门的原因是，"缘该报社之组织不健全，非清吏向日人抗议之结果；日人特听其自生自灭耳"。另一位和连横亲近的门生张振梁也有不同说法，认为连横创办该报的原因"乃其时台局粗定，日人招徕台人故"。

至于林著中说的清廷要暗杀连横，更是无可考证之事。连横在报馆关闭后回台，仍入《台南新报》。此后一边写书，一边纵情诗酒，成立诗社，酬唱往来等。台湾诗人林馨兰在《读诗界革新议及后等书》中评价连氏的诗，"雅堂过于纵"。亦可见其性格为何。

1908 年，连氏曾赴神户一游。林著称，"他此度赴日，或者竟是借游览之表面行为，实则去参加在日本的革命计划也未可知，因为神户乃是当时海外革命志士的一个据点，国父每次到日本，也都在神户与当地华侨志士联络商议的"。在读林著之时，我一直对作者试图把连氏和孙中山联系起来的描述，抱有甚多疑虑。

鸦片事件

在台湾的日据时代，作为台湾知名知识分子，连氏与日本人之关系颇可留心。他供职的多家报纸均系日人所办，这倒也有情可原，因为日人为殖民计，推广日语，在北中南创办多份日文报纸。如果在台湾要做报人，只能托庇其下。

《台湾通史》出版后，曾请"明石台湾总督阁下"（明石元二郎）、"田台湾总督阁下"（田健治郎）等日本政要题字（后者题"名山绝业"四字）。《台湾日日新报》主笔尾崎秀真、《台南新报》主笔西崎顺太郎、总督府总务长下村宏三人，各为该书撰序一篇。林著对此的解释是，"这完全是委曲求全，在异族统治之下不得已的办法"。

此外，1930年3月2日，连氏在日本官报《台湾日日新报》撰写《新阿片政策讴歌论》的文章，引起台湾士人的联合反对。当时全台士人皆在反对日人之鸦片政策，而连氏文中则说："台湾人之吸食阿片，为勤劳也，非懒散也……我先民之得尽力开垦，前茅后劲，再接再厉，以造成今日之基础者，非受阿片之效乎？"

连氏所参加的诗社"栎社"亦开除其社籍。台湾名士林献堂在其3月6日的日记中对连氏极表不满。从此连氏与台北士人分道扬镳。林著中说，此文系他人冒连氏之名而写。盖因连震东学成归来，欲入《台湾民报》做记者，引起他人嫉妒和恐慌，为破坏连震东的工作，有人假名撰文云云。此说不为正统学界接受。台湾学者陈明道就曾说，"此文是连雅堂一生之污点"。

由此可见，林著为尊者讳过于急切，以至与学界研究轩轾之处，也未加以订正。台湾学界如今对连氏之评价，对其亲日之态度颇多不满（见林元辉《以连横为例析论集体记忆的形成、变迁与意义》）。从日人据台到连氏离台这三十多年内，连氏供职于日人之报纸达 17 年，其对日人之态度，并未有如林著所说那样决绝。

例言之：1899 年，第四任台湾总督儿玉源太郎在台南开庆典，《台澎日报》汉文版发起征诗。连氏撰《欢迎儿玉督宪南巡颂德诗》，中有"我公秉节莅封疆，除残伐暴登仁寿"之句（葭案：此诗未载于连氏诗集）。嗣后每一任台湾总督到任，连氏都曾撰诗颂之。1923 年 4 月，日本皇储裕仁到台，连氏献《台湾故事十题》进之。1930 年日本人搞的"台湾文化三百年"纪念会，连氏是十位顾问中唯一的台湾人。这样的态度，让其与本土士人渐行渐远。

此外，在其离台之前，连氏曾数次赴大陆旅游，交友广阔，皆是学术官场名流，所以名气也越来越大，知道他的人也很多。在大陆人面前，连氏则是一个报国无门、胸怀壮志的边疆烈士。章太炎在看过其诗文及通史之后，就曾夸他"此英雄有怀抱之士也"。他很早就给国民党元老张继写信赠书，张继颇推许之。

1931年4月，连氏写给张继请求照顾连震东的信，读来让人动容不已，林著亦曾引之。信中有此一段：

> 且弟仅此子，雅不欲其永居异域，长为化外之人，是以托诸左右。昔子胥在吴，寄子齐国；鲁连蹈海，义不帝秦；况以轩黄之华胄，而为他族之贱奴，泣血椎心，其何能恕？所幸国光远被，惠及海隅，弃地遗民亦沾雨露，则此有生之年，犹有复旦之日也。钟山在望，淮水长流，敢布寸衷，伏惟亮鉴。

如果把这封信和之前的颂德诗放在一起，很难相信其居然出自一人之手。当年6月，连震东到宁，在吴铁城处谒见张继，张看了此信，表示"真契沉痛，大义凛然，深为感动，历久难释"。此后连震东寸步不离张继，张赴西安任西京筹备委员会委员长之时，即携连震东前往。此即连战生于西安之因。

连氏离台前夕，已经与台籍士人毫无过往相从之举。给其子震东之家书中说，"吾不欲汝为台湾人"，"切不可与此间（葭案：指台湾）朋友通讯"。他还曾告知长女不可返回台湾。连震东在大陆，亦以连氏哲嗣身份颇受优待。连震东晚年接受《青年战士报》访问时也曾承认此点。他说："没有先父当年的苦心安排，就没有今天的我。"连氏周旋于日人与国民党之间，其言行，日人及国民党均只见其一面。

英雄的诞生

连氏 1936 年病故于上海。其骨灰十年后由其孙连战奉迎回台。此后，连氏逐渐进入意识形态的正统话语之中，其形象一再被拔高，直至成为"民族诗人""抗日诗人""爱国史家""台湾知识分子第一人"等，颇有舍我其谁之态。此形象之变化，皆系国民党到台后之政治需要。

到台之后，复旦大学原历史系主任、天主教神父方豪，首先注意到连氏。他曾写数篇文章介绍连氏之思想文章。方第一篇文章便是《连雅堂先生之民族思想》。后来，方豪将连氏之事，告知了当时的国民党中央宣传部长、改造委员会秘书长张其昀。

张对连氏亦有所闻。1949 年 12 月，张在台湾文化协进会演讲，表扬连氏说，"阐扬华族的民性，表彰春秋的大义，他实在是中国近百年史学界罕见的伟人"。此年 3 月 1 日，蒋中正复行视事，张获任宣传部长，建议褒奖连氏。故连氏是台湾第一个获得台湾当局领导人褒奖令的人，全文照引如下：

> 台湾故儒连横，操行坚贞，器识沉远。值清廷甲午一役弃台之后，眷怀故国，周游京邑；发愤著述。以毕生精力勒成台湾通史，文直事核，无愧三长，笔削之际，忧国爱类。情见乎辞，洵足以振起人心、裨益世道，为今日光复旧疆、中兴国族之先河。追念前勋，倍增嘉仰；应予明令褒扬，用示笃念先贤、表彰正学之至意。此令。

国民党败退台岛后，痛定思痛，检讨失败之因。1950 年 8 月成立"国民党中央改造委员会"，蒋中正亲任主席。改造首先从思想上开始，即统一精神（见蔡玲、马若孟著《中国第一个民主政体》）。其次，国民党在台岛可算是"客居"，亟须召唤台湾本土之爱国精神。因此，早前"眷怀故国"的连氏，成为国民党改造委员会第一个树立的爱国模范，绝非偶然。

此年系连氏去世 15 周年，张其昀数次讲话，提出"台湾精神"。其要点无非是：连横是"爱国保种"之模范，"爱我祖国，保我华族"，连氏通史之力量，超过日本海陆空三军，台湾是中国的台湾，要发扬台湾精神。此后，傅斯年、方豪亦开始追随张其昀的调子，鼓吹连横是"台湾文化第一人"。魏清德呼吁要印连横全集。改造委员会委员 16 人，唯一的台籍人士，便是连震东。

第二年，连氏便进入各种初高中的语文课本。初中多节录《台湾通史·丘逢甲传》，高中课本收入其《台湾通史序》。张其昀的讲话稿也被收入教材。这就是后世台湾人皆知有连横之原因。连氏逝世 20 周年时，张其昀在台湾师大演讲，题目为《台湾大儒连雅堂》，推许连氏为"最伟大的台湾人""台湾青年的模范人物"等。

即便学者黄季陆早就考证并指出连氏不可能是革命党人，但一些人仍然对连氏极尽溢美之词，"奋不顾身"地给连氏贴金，称他早年加入同盟会，甚至这个结论还进入了教材，而林著对此的态度是暧昧以待。林元辉后来评价说，"至此连横已俨然无德不具、无功不与、无言不立，成了另一尊神格化人物"。

两岸如今出版的通史，早已去掉日人的三篇序文，取而代之的是四篇序文分别为林炳昶、章太炎、徐仲可、林南强所作。顾林著乃成于20世70年代，又系官定文章，再者传主为作者之外祖父，难免为尊为亲而讳，多有附丽溢美之处，今人似不应苛责。

如今台湾的许多公园、公共场所以连横命名，这是神化连氏的后遗症之一。连氏三代后人亦得以庇荫其下，乃至其远祖连舜宾亦因此重获后世重视，不得不说，乃系此通史之力也。

参考书目：

林文月：《青山青史——连雅堂传》，广西师范大学出版社2011年版。

本文原刊于2012年2月《上海书评》

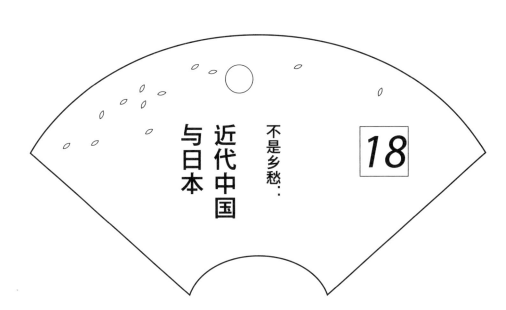

近代中国与日本

不是乡愁……

18

我发觉，作为一位中国的读书人，我竟然对日本也有一种"乡愁"。这种乡愁，在我看来是一种文化上的"移情"，也是一种意义。

　　我六岁的那年春天，父亲母亲带我去兴庆宫公园春游。那个公园里有一座汉白玉纪念碑，父亲带着我读碑上的两首诗。一首是阿倍仲麻吕的《望乡》：翘首望东天，神驰奈良边。三笠山顶上，想又皎月圆。一首是李白的《哭晁卿衡》：日本晁卿辞帝都，征帆一片绕蓬壶。明月不归沉碧海，白云愁色满苍梧。这两首诗我至今还能背诵。父亲给我讲了遣唐使的故事，后来我在历史课本里又读到这个故事。我记得这是对日本最早的印象了。

　　少年时代看动画片，有《铁臂阿童木》《聪明的一休》《圣斗士星矢》等，也没有太多的感觉。如今的记忆就是一休跟将军说：饿了吃糠甜如蜜，饱了吃蜜蜜不甜，其实就是中文里"饱饫烹宰，饥厌糟糠"的意思。当然当时无甚感觉，很多年以后，我才意识到，小时候消费的文化产品，有相当一部分是日本生产的。

我看这些动画片的同时，也在接受另一种关于日本的叙事。这就是《地雷战》《地道战》《烈火金刚》几部电影。大概都看过七八遍，好像每年过年都会放的，有的情节，台词也能背得出来。那里面的日本人都是坏人。对于小孩子来说，人好像只分好人、坏人两种。一休是好人，新右卫门是好人，毛利太君是坏人，何大拿是坏人，等等。

介于这两种叙事之间，对我而言，说不上对日本人有什么仇恨，说有多少好感，却也谈不上，应该是无感的状态。但来自爱国主义教育的素材实在是太多，各地的纪念馆，各种国产电影、小人书，以及电视上念念不忘的各式批判，至少是没有增加我对日本的好感，这个国家仍然只是一个想象中的存在，略微带一点负面的感觉，但其实那是一种自然地向政治正确的靠拢。

1992 年，我的中学语文老师要我写一篇作文，描写一组邮票，《中日邦交正常化 20 周年》，我是集邮的，但这两张邮票我实在是无感，票面设计太差了，第一张是两只丹顶鹤，背景是富士山和长城；第二张是一个剃着茶壶盖的中国男孩和一个穿着和服的日本女孩相拥，背景是和平鸽。我那时只问了一个问题：为什么不是日本男孩和中国女孩？老师就生气了。那篇作文后来还是没有写，因为我不知道"邦交正常化"到底是什么意思。

那时候，父亲没有告诉我家里的电视机和电子游戏机都是日本的——东芝和任天堂，可能还有些别的东西，但我只记得这个。总之，其实在我的童年和少年时代，我的生活里已经有日本的存在了，也在深深地影响着我——比如我的近视不是因为爱读书，是因为打电子游戏。但那个方向，未经思考和检视，我的目光更多地被带到《地雷战》这样的东西上。

再后来，我负笈金陵，去参观南京大屠杀纪念馆，深受震惊。南京是一座刻着很多日本记忆的城市，我宿舍边上就是拉贝故居，破败不堪，我毕业很多年后西门子公司才出资修缮。大学图书馆就是战时国际红会的南京难民营，但也少有人知。从此时开始，日本开始频繁地在我的读书过程中出现。

东瀛的想象

大学读书时认为文史不分家，读了大量近代史的书，时间跨度大概从第一次鸦片战争到第三次国内革命战争这一百多年，真是一段纠结而糟心的复杂历史。中国现代民族主义思潮的诞生与迅速扩张，与日本关系极大。"国耻"这个概念在"二十一条"后被广泛使用，抵制日货也是从彼时开始。中国近代命运多舛，跟日本关系也极密。认知丰富之后，看待事物的面向也多了起来，但也更纠结复杂。

清末民初，有大量的中国学生在日本留学，民国时期的风云人物，很多都有留日背景，比如蒋中正、汪精卫、胡汉民、戴季陶、张季鸾、张继等。后来我在东京的日比谷公园看到梅屋庄吉的故居，不胜唏嘘。没有日本人对孙中山的帮助，中华"帝国"很难变成中华"民国"。没有日本人的帮助，孙中山也不会破坏约法。在唐宋帝国时期的中日师生关系在此时倒转，回望 20 世纪前三十年，那时的政治领袖，是把日本作为学习对象的。

作为亚洲第一个近代化转型成功的国家，日本着实了不起。在对中日近代化转型的对比中可以发现，日本的"脱亚入欧"，并不是地域上强行划分东西之争，而是切实的西化——即近代化。从渡边与五郎的书中可以知道，日本与中国面对近代化时，既有态度上的差异，也有微操上的不同，学习日本，也只是照猫画虎仅得皮毛。但在一干中国精英的认知当中，"同文同种"的日本是最容易学的。

对中日而言，此时的西学东渐与近代化，不仅是器物、体用上的因应，也是东亚儒家文明圈整体需要吐故纳新。那么京都学派的主张就很好理解了，这其中包含了相当多的对儒家主张的现代延伸，在认知上试图超越国家建立洲际的"合纵连横"，代表亚洲在"黄白之争"中与西方对抗。日本一方面脱亚入欧，另一方面也完全没有忘记重构自身的主体性，甚至把视野放得更大。京都哲人面对西方的挑战，的确是给出了一套方案的。

京都学派的汉学家们，在学术上对中国学术近代化的影响也相当之大。罗振玉、王国维亡命京都，正是内藤湖南给了他们大力襄助。在内藤湖南的启发下，中国学界意识到边疆问题、民族问题的重要，出现了沈曾植、夏曾佑、文廷式等一批研究边疆问题的学者，其实证主义学风影响了中国数十年。奠基中国现代学术的胡适、章太炎等人无一不受日本学风的影响。拿京都学派当年的汉学名著出来，同期的中国学人是要汗颜的，他们不得不接受"比中国人还了解中国的是日本人"这样的事实。

当然最重要的还是中日关系尤其是政治层面的对立。从朝鲜的《江华条约》开始，日本与中国共管朝鲜，最后一个藩属国的失去，才真正终结了中国天朝大国的迷梦。此后是甲午战争，活生生就是对明治维新和洋务运动的结果比试。中国在此后，把亚洲之雄的位置让给日本。后来的中日战争就更不必说了。

直到 20 世纪 70 年代的钓鱼岛，整个过去的 150 年，中日就是在这种种纠纷之中走到今天。最近十年我涉足台湾问题，也发现了台湾问题中的日本因素。台湾对日本，也有一种"乡愁"，这在电影《海角七号》里被表现得淋漓尽致。我翻看竹中信子的《日治时代台湾生活史》，才理解了这种"乡愁"。台湾经历了半个世纪的被占领时期，突然面对"二二八事件"，极大程度形塑了台湾人对中华民国的再认识。凡此种种，均显示日本对中国事务的影响。

当这些大问题开始进入我的视野当中时，增加了我对日本的好奇，并逐步勾勒出一个对日本的想象，进而有窥伺一番的欲望。日本的近代化和现代化转型都相当成功，即便仍存在各种问题，但对于中国来说，这个一衣带水的邻居，与一百年前一样，仍旧是一个值得学习的样本。关心中国事务的人，不可能不关心中日关系，进而不能不看到日本对中国的影响。就像我的老师告诫我说，如果你要搞汉学研究，还是要懂一点日语的好。

观念层次的日本与生活层次的日本当然不同，却又相互依存。在看川端康成的小说以及本尼迪克特的书时，能够具体地感受到日本的观念如何主导了生活方式以及审美。后来刘柠兄也告诉我，日本的耻感文化不如叫"美感文化"，归根结底是为了美，不想太难看，能够解释很多事情——比如道歉、谢罪之类，都可以从其中找到依据。

此外，还有日常生活中的体验，比如我对日本料理的喜爱，很大程度上缘于对食物的美感要求。与普通日本人的交往，亦让我加深了对日本的理解。很多年前，就认识了一位日本作家，他汉语不错，很关心中国事务。后来因为做新闻的缘故，渐次认识了不少日本记者。

我记得 2008 年在台湾时，去"新闻局"领记者证，突然一位五十多岁的先生叫我名字，且过来鞠躬问好，我吓坏了。原来是《东京新闻》的论说委员清水美和先生，在那之前，我们只见过一次。我太惊讶于他的记忆和礼貌了。回忆起我的日本朋友们，好像还没遇到过什么不愉快的事情。

日本不是"中国"

日本的朋友当然多次提出让我有机会一定去日本看看。曾经两年里前后去过四五次，每次停留一周左右。过去模糊的想象变为触目可及的具象，好在理解日本恰恰也就是从这些具体而微的生活细节入手。衣食住行这些琐碎的日常事务，最能看出一个民族的文化基因。不过这部分可写的东西太多了，相信许多读者在别处也能看到这些内容，就不赘谈了。

当然，我想谈的还是非常个人化的体验，想提供一些不同的切面。比如在奈良参访古寺时，我的感觉是非常难以言表的。尤其是在唐招提寺、法隆寺等地，我往往会想到西安。我突然意识到，西安最近那些年冒出来的仿古建筑，都是本自日本。我在奈良往往能感到长安的影子，从一国之历史来看，我以为奈良之于日本仿佛长安之于中国，是第一个千年两国文明的集大成者。

在那一个千年里，唐宋文明以睥睨天下之态，形塑了儒家文明圈的雏形，日本、高丽均是这一文明圈之内的学生。奈良城的规划以及寺院的形制，均本自长安。奈良和西安是中日邦交正常化后第一对结为友好城市的中日城市。此后，西安方面曾多次派员赴日学习城市规划等，至今西安的城市规划与文物保护仍旧是与日本专家共同协商论证。西安大约是与奈良最密切的中国城市，但可惜的是，在过去十多年数次反日游行中，反而是西安的规模最大。

　　倏忽千年过去，日本后来居上。在明清时期，不管是日本还是朝鲜，均以"小中华"自居，按照韩国学者的说法，有清一代，华夏已经"胡化"，朝鲜王朝虽然在政治上屈服于清朝，但仍奉朱明为正朔，在文化上"永不帝清"。在李氏朝鲜的燕行文献里，我们能够看到"中华衣冠"对"胡服髡首"的鄙夷溢于言表。

　　至于日本，早就有学者山鹿素行提出，夷狄统治的中国已经不是中国，日本才是"中国"，后来萌生出"日本虽非中华，日本近于中华，中国虽曰中华，实乃鞑靼支那"的说法。1871 年，中日两国谈判《中日修好条规》，日本方面不同意清政府在条约中自称"中国"。从对华夷秩序的争夺上可以看出，日本对于儒家文化的自承与高度自信。

然而这并不等于日本是完全的"中国化"，而是在吸纳了儒家文明并在神道教的基础上发展出明显的"日本化"特征，在德川幕府时代总其大成，使日本跳脱出"儒家文明圈"的小国角色。化政时期经济的繁荣与都市的兴起，尤其是幕末时期兰学的输入，使得文化构成进一步多元化，为日本的近代化转型做了极佳的铺垫。

有论者常常以为，日本继承了中国很多文化因子，"很中国"，或者"很像中国"。初至日本的许多人，甚至断言什么什么东西"中国也有"之类。这真是一个巨大的误解，日本其实并没有"很中国"。

天守阁

有个小插曲是，我玩电脑游戏《帝国时代》，其中日本的城堡非常漂亮，等我到了大阪，才知道天守阁就是游戏里城堡的原型。虽然仍是斗拱飞檐的攒尖式建筑，粗看跟黄鹤楼之类的类似，但细看就知道这绝非中国建筑，而是道地的和式建筑，其用料、用色及门窗，均有明确的日本风格，我想天守阁应该算一个建筑日本化的代表作。

我后来去过几次京都，一个明显的感觉是京都比奈良"更日本"。从建筑上看，京都的清水寺、龙安寺诸寺，已经走出奈良东大寺、唐招提寺的"唐风"，而有了自己明显的特征——比如枯山水的出现。如此细看，能够发掘出"日本化"的蛛丝马迹来。在文化上，日本确有"青出于蓝"的儒家文明因子，但却走出一条截然不同的路径来，这其间涉及的东西太广，未敢多说。

等我静下心把这些关于日本的"随想"略加整理之后，我发觉，作为一个中国的读书人，我竟然对日本也有一种"乡愁"。这种乡愁，在我看来是一种文化上的"移情"，也是一种意义。日本与中国在文化上的密切而又疏离的关系，让我找到了一种具备解释力量的东西，也找到了日本之于我的意义。

具备明显特征的日本文化与中国文化既密切又疏离，既相似又迥异，其变迁过程历经数百年。近世以来，日本文明中又吸纳了近代化与现代化中人类共同文明的部分，熔冶各种文明于一炉，"菊与刀"因而才为世人所认可。

而与中国的这种特殊关系，正是我特别着迷的地方。在这个意义上，日本算是中国的一面镜子。在他者之中找到了自己或者更多认识了自己，也是一种"乡愁"罢。行笔至此，又想起晁衡的那句诗：翘首望东天，神驰奈良边。

参考书目：

[日] 内藤湖南：《日本历史与日本文化》，商务印书馆 2012 年版。

本文原载于 2014 年 9 月 "腾讯·大家"

图书在版编目（CIP）数据

摩登中华：从帝国到民国 / 贾葭著 . -- 上海 : 东
方出版中心 , 2019.5
　　ISBN 978-7-5473-1368-8

　　Ⅰ . ①摩… Ⅱ . ①贾… Ⅲ . ①中国历史 – 研究 – 近现
代 Ⅳ . ① K260.7

中国版本图书馆 CIP 数据核字 (2019) 第 048366 号

摩登中华 ：从帝国到民国
贾葭 著

统筹策划　彭毅文
责任编辑　彭毅文
文字编辑　肖月
插图设计　李媛
书籍设计　山川制本

出版发行 : 东方出版中心
地　　址 : 上海市仙霞路 345 号
电　　话 : 021-62417400
邮政编码 : 200336
印　　刷 : 山东鸿君杰文化发展有限公司
开　　本 : 890mm*1240mm　1/32
字　　数 : 174 千字
印　　张 : 9.875
插　　页 : 18
版　　次 : 2019 年 5 月第 1 版第 1 次印刷
ISBN 978-7-5473-1368-8
定　　价 : 48.00 元

检

版权所有，侵权必究
如图书有印装质量问题，请寄回本社出版部调换或电话 021-62597596 联系。